INSIGHT  **GUIDES**

NOVA YORK
a Pé

Tradução:
Mônica Saddy Martins

martins fontes
selo martins

ELSMANN BUILDING
Virgin
LOEWS THEATRES

BARNEYS NEWYORK
HOURS
M–F
Saturday
Sunday
FRED'S RESTAURANT
M–F 11:30am–9pm
Saturday 10:30am–9pm
Sunday 10:30am–6pm

EMINEM

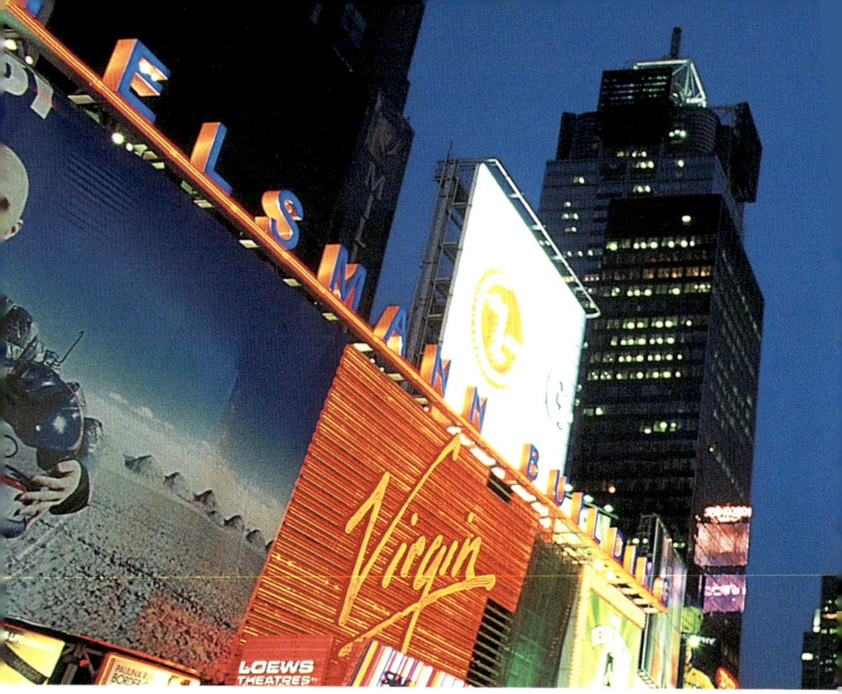

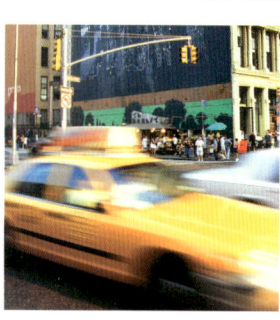

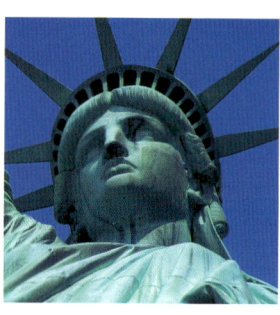

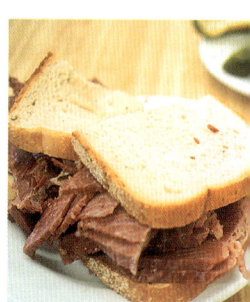

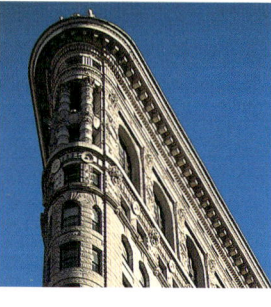

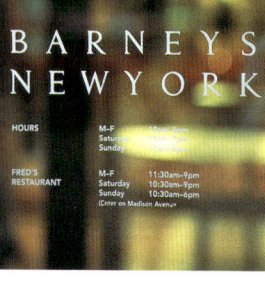

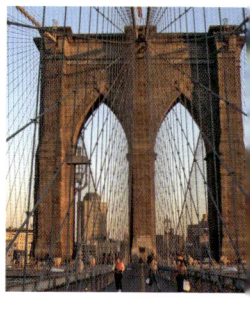

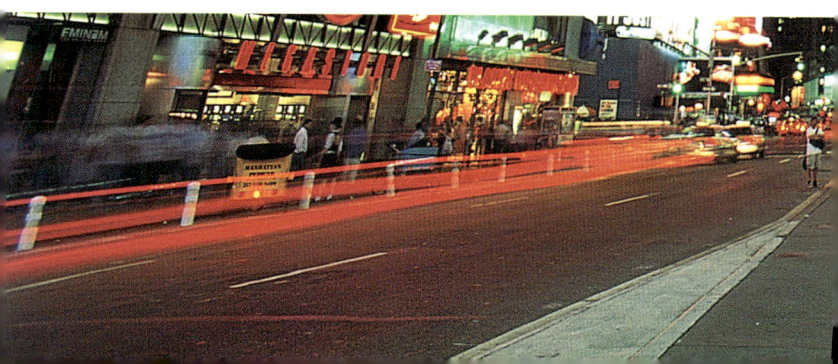

SUMÁRIO

Introdução
Sobre este livro 4
Itinerários indicados 6

Orientação
Panorama da cidade 10
Onde comer 14
Compras 18
História: datas-chave 20

Itinerários
1. 5ª Avenida 24
2. Times Square e Broadway 30
3. Museum of Modern Art (MoMA) 32
4. ONU e Midtown East 38
5. Central Park 44
6. Metropolitan Museum of Art (MET) 46
7. Museus do Upper East Side 50
8. Upper West Side 56
9. Harlem 64
10. The Cloisters (Os Claustros) 66
11. Flatiron, SoFi, Union Square e Chelsea 70
12. Greenwich Village 74
13. Soho e Tribeca 80
14. East Village e Lower East Side 84
15. Lower Manhattan 88
16. Estátua da Liberdade e Ilha de Ellis 92
17. Brooklyn 94
18. Bronx 96

Informações
A-Z 100
Hospedagem 112
Onde comer 118

Créditos e índice
Créditos 124
Índice remissivo 125

SOBRE ESTE LIVRO

O guia *Nova York a pé* foi produzido pelos editores da Insight Guides que, desde 1970, estabeleceram um padrão visual para guias de viagens. Com excelentes fotos e recomendações confiáveis, você tem o que há de melhor em Nova York, em dezoito itinerários que podem ser feitos a pé.

ITINERÁRIOS

Os itinerários propostos neste guia procuram atender a todos os bolsos e gostos, qualquer que seja a duração da viagem. Além de cobrir as várias atrações turísticas de Nova York, este guia sugere também inúmeros percursos menos conhecidos e áreas emergentes, como o Brooklyn e o Bronx, que têm ganhado importância.

Os itinerários abrangem interesses diversos; assim, quer você seja apaixonado por arte, por cinema ou pela boa mesa, quer seja *shopaholic* ou esteja viajando com seus filhos, sempre encontrará uma opção que lhe convenha.

Recomendamos que você leia todo o itinerário escolhido antes de partir, para se familiarizar com o trajeto e poder planejar onde fazer uma parada para comer e tomar algo – as opções encontram-se nos quadros "Onde comer", com o símbolo da faca e do garfo, em várias páginas.

Para as excursões temáticas, consulte "Itinerários indicados" (*ver pp. 6-7*).

ORIENTAÇÃO

Os itinerários apresentados nesta seção dão uma visão geral da cidade, além de informações sobre alimentação e compras. Uma sucinta cronologia histórica indica os principais fatos que ocorreram em Nova York ao longo dos séculos.

INFORMAÇÕES

Para facilitar os itinerários, há uma seção de informações úteis de A a Z, práticas e claras, a fim de ajudar na escolha da hospedagem e de restaurantes; tais sugestões complementam os endereços dos cafés, bares e restaurantes mais em conta sugeridos nos itinerários.

De cima para baixo: a bandeira das treze listras na ilha da Liberdade; momento sossegado no Central Park; vista de Lower Manhattan; ônibus de turismo nova-iorquino; galeria em Chelsea.

O autor

John Gattuso é editor da Stone Creek Publications, editor e produtor de livros ilustrados e de literatura criativa de não-ficção, e também um veterano de mais de uma dúzia de Insight Guides. Nascido e criado na região metropolitana de Nova York, John conheceu a cidade quando menino, em passeios com a avó. Ela costumava dizer que "não existe nenhum outro lugar como Nova York" e que "qualquer coisa que a gente queira, consegue encontrar aqui", opinião que Gattuso, agora adulto, endossa integralmente.

Este livro inclui o trabalho de vários outros escritores: Edward A. Jardim, William Scheller, Kathy Novak e Dyvia Symmers, colaboradores frequentes da Insight Guides.

Dicas nas margens
Dicas de compras, peculiaridades, fatos históricos e dados curiosos ajudam os visitantes a curtir Nova York ao máximo.

Quadros em destaque
Dados culturais relevantes são destacados nestes quadros especiais.

Dados importantes
Este quadro dá detalhes da distância a percorrer em cada itinerário e uma estimativa do tempo de duração. Mostra também onde começa e termina o percurso, dá informações indispensáveis, como as épocas mais adequadas para o passeio e as melhores opções de transporte.

Mapa do itinerário
Cartografia pormenorizada com indicação clara do trajeto por sequência numérica. Para o mapa geral, consulte o encarte que acompanha este guia.

Rodapés
O rodapé das páginas do lado esquerdo traz o nome do itinerário e, quando relevante, uma referência do mapa; o das páginas do lado direito indica a principal atração das duas páginas.

Onde comer
As indicações encontram-se nestes quadros. Os números que antecedem o nome de cada café, bar ou restaurante remetem a referências do texto principal. Os lugares recomendados também estão assinalados nos mapas.

O símbolo do dólar (**$**) que aparece em cada entrada dá o custo aproximado de uma refeição para três pessoas. A tabela de preços, que também aparece na segunda orelha deste guia para facilitar a consulta, é a seguinte:

$$$$ 60 dólares ou mais
$$$ 40-60 dólares
$$ 25-40 dólares
$ até 25 dólares

LOCALIZAÇÃO DE ARRANHA-CÉUS

Explore a cidade vertical, incluindo o primeiro arranha-céu de Nova York, o Flatiron (itinerário 11), os edifícios *art déco* Chrysler (itinerário 4) e o Empire State (itinerário 1), a moderna e ecológica Hearst Tower (itinerário 8) e Lower Manhattan, uma região cheia de edifícios imponentes (itinerário 15).

ITINERÁRIOS INDICADOS

APRECIADORES DA BOA MESA

Para comprar produtos frescos, experimente o Union Square Greenmarket (itinerário 11) ou o Chelsea Market (itinerário 11), já Dean & Deluca (itinerário 13) e a Katz's Delicatessen (itinerário 14) estão abarrotados de guloseimas para *gourmets*.

AMANTES DA ARTE

Em Nova York, existe mais arte do que se pode ver numa vida inteira: dos cinco grandes museus – MET (itinerário 6), MoMA (itinerário 3), Whitney, Guggenheim e Frick (itinerário 7) – às galerias de Chelsea (itinerário 11).

VISTAS ESPETACULARES

Aprecie vistas magníficas no Empire State (itinerário 1), no Top of the Rock no Rockefeller Center (itinerário 1), na ponte do Brooklyn (itinerário 17), na Estátua da Liberdade (itinerário 16) e no *ferry*, que vai para a ilha Staten (itinerário 16).

PARQUES E JARDINS

O Central Park (itinerário 5) é uma obra-prima de arquitetura paisagística, mas não deixe de visitar também o New York Botanical Garden (itinerário 18), no Bronx, e o Brooklyn Botanic Garden (itinerário 17).

COMPRAS

Faça uma folia de compras nas lojas de departamentos da 5ª Avenida (itinerário 1); confira as butiques do Soho (itinerário 13), de Nolita (itinerário 14) e do Meatpacking District (itinerário 12); e folheie mais de dez quilômetros de livros na livraria Strand (itinerário 12).

CINÉFILOS

King Kong fez muito esforço para escalar o Empire State (itinerário 1); Holly Golightly tomou café na Tyffany's (itinerário 1); Clark Kent trabalhava no edifício News (itinerário 4); Travis Bickle vagava por Times Square (itinerário 2); e os Corleone fizeram muito barulho em Little Italy (itinerário 14).

VIDA NOTURNA

Confira a cena do *rock* alternativo no Lower East Side (itinerário 14), assista a shows num clube de jazz do Greenwich Village (itinerário 12) ou no Apollo do Harlem (itinerário 9); ou dance a noite toda num clube do Meatpacking District (itinerário 12).

CRIANÇAS

Visite os dinossauros do American Museum of Natural History (itinerário 8) ou os pinguins do zoológico do Central Park (itinerário 5); depois, compre brinquedos na FAO Schwarz (itinerário 1).

ARTES CÊNICAS

Assista a um show da Broadway no Great White Way (itinerário 2), a uma sinfonia, uma ópera ou um balé no Lincoln Center (itinerário 14) ou a uma apresentação gratuita de Shakespeare no parque (itinerário 5).

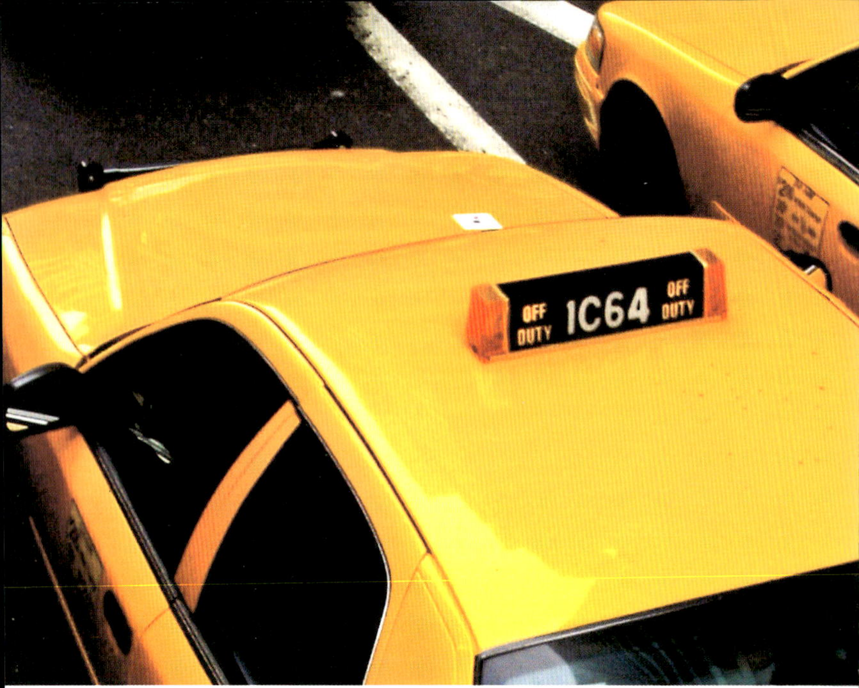
OFF DUTY 1C64 OFF DUTY

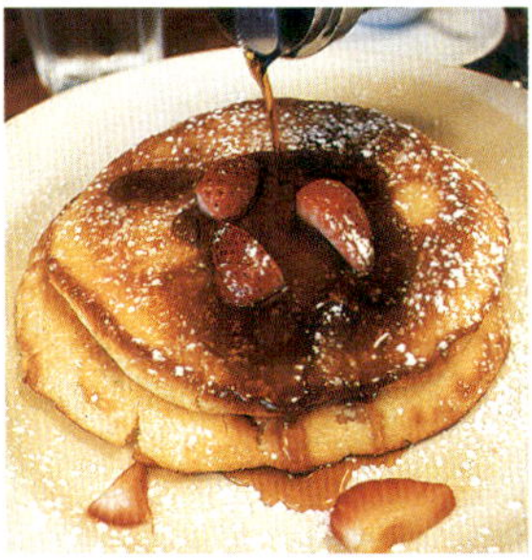

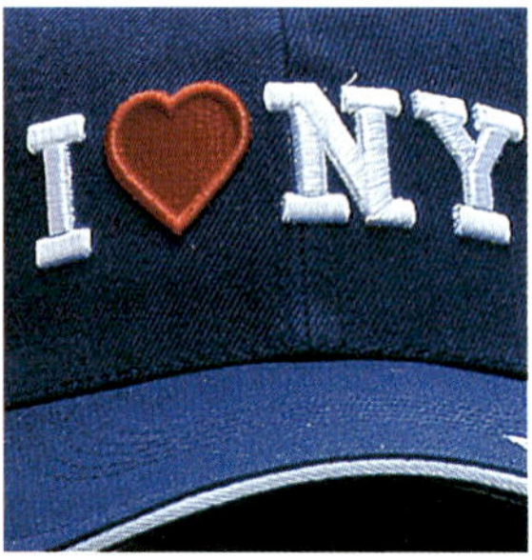
I ♥ NY

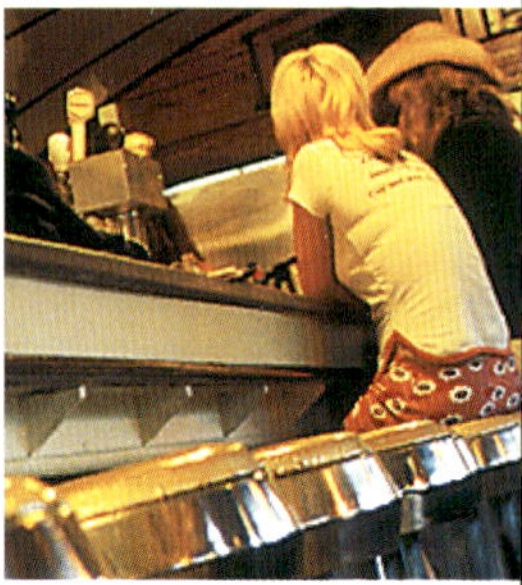

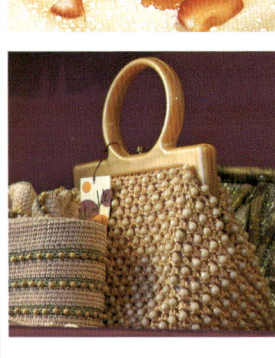

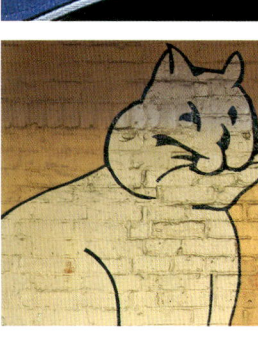

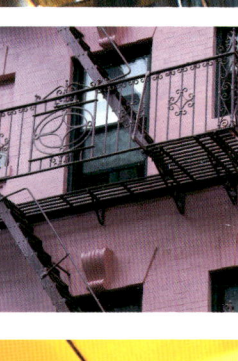

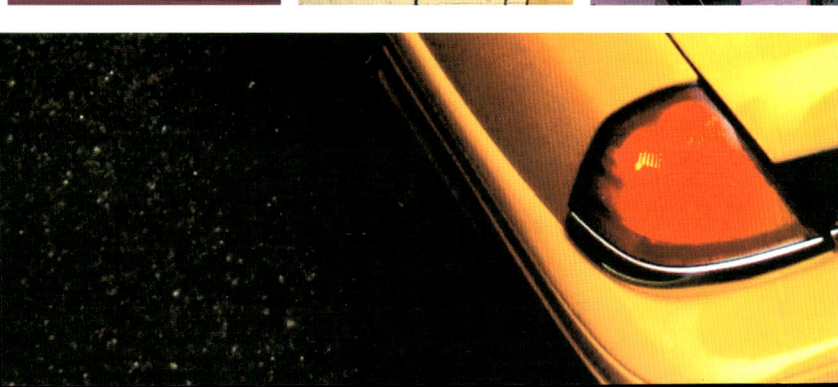

ORIENTAÇÃO

Visão geral da geografia, dos costumes e da cultura de Nova York, além de informações esclarecedoras sobre comidas e bebidas, compras e fatos históricos.

PANORAMA DA CIDADE	10
ONDE COMER	14
COMPRAS	18
HISTÓRIA: DATAS-CHAVE	20

PANORAMA DA CIDADE

Muitos dos 35 milhões de turistas que vêm para a Big Apple todos os anos chegam com expectativas bastante elevadas. A arquitetura de cair o queixo, as atrações culturais de primeira qualidade, um ambiente artístico intensamente vibrante, e lojas e restaurantes fabulosos – tudo numa cidade que nunca para – provavelmente não os decepcionarão.

O que há num simples nome?
Ainda se discute como Nova York adquiriu o rótulo de *Big Apple*. Alguns dizem que esse apelido nasceu numa coluna de hipismo de um jornal da década de 1920, denominada "Around the Big Apple". Outros, que era usado por músicos de jazz para dizer que alguém atingiu o auge da profissão, ou seja, tinha posto as mãos numa maçã bem grande.

E. B. White, autor infantil, crítico e ganhador do prêmio Pulitzer, escreveu em seu livro *Here is New York*: "Nova York não é como Paris, não é como Londres e não é Spokane multiplicada por 60 nem Detroit multiplicada por quatro. Ela é, com ampla margem, a mais altiva das cidades. Conseguiu até alcançar o ponto mais alto do céu no ponto mais baixo da depressão".

Desde que os holandeses a compraram em 1626, passando por seu desenvolvimento como centro do comércio marítimo, até sua posição contemporânea de centro cultural e varejista dos Estados Unidos, Nova York nasceu para se tornar a encruzilhada do mundo e o lugar onde o ar vibra com a promessa de que tudo é possível.

Números
Os números são significativos: 10.300 km de ruas, 930 km de zona ribeirinha, 18 mil restaurantes, cerca de 12 mil táxis, quase 5 mil ônibus urbanos, 150 museus e 400 galerias de arte, mais de 240 teatros e 10.500 ha de parques. Seja lá o que for que se procure, dos museus de alta categoria no Upper East Side à moda de vanguarda no Meatpacking District, tudo pode ser encontrado aqui. E, se nos hospedarmos num hotel bem alto, bem acima das ruas apinhadas de gente, ou nos aventurarmos no Central Park, ou entrarmos no terraço dos Cloisters, que dá para o rio Hudson, pode ser que encontremos algo raro no centro da cidade: paz e silêncio.

À direita: táxi amarelo arranca em Times Square.

OS DISTRITOS

A cidade de Nova York estende-se por uma área de 780 km² e é dividida em cinco distritos: Manhattan, Brooklyn, Queens, Bronx e Staten Island. Manhattan é o menor, com uma área de pouco mais de 57 km², mas é o mais densamente povoado.

OS NOVA-IORQUINOS

População e mistura de raças
Segundo o órgão americano de recenseamento, a cidade de Nova York tem uma população de 8 milhões de habitantes. Desse total, aproximadamente 1,5 milhão de pessoas moram em Manhattan, 2,4 milhões, no Brooklyn, 2,2 milhões, no Queens, 1,3 milhão, no Bronx, e cerca de 440 mil, em Staten Island.

Embora haja nos Estados Unidos outras cidades com porcentagem alta de residentes estrangeiros, nenhuma consegue se igualar à variedade ou à diversidade das comunidades étnicas de Nova York. Aqui, cerca de 35% dos habitantes são descendentes de europeus, 24,5% são afro-americanos ou afro-caribenhos, 27% são hispânicos e 9,8% são asiáticos. O ex-prefeito David Dinkins uma vez descreveu a cidade como um "mosaico magnífico".

O nova-iorquino clássico
De maneira estereotipada, os nova-iorquinos são retratados como pessoas tão frenéticas quanto o ritmo da cidade. Frenética ou não (pesquisas recentes mostram que Nova York não é assim tão veloz quanto sua reputação sugere – um levantamento sobre a velocidade do caminhar em zonas urbanas, realizado em 2007, classificou os nova-iorquinos em oitavo lugar, depois de Cingapura e Copenhague), essa energia talvez seja o ponto forte dos nova-iorquinos, que os deixa tão seguros de que Manhattan é o centro do universo. Ela também ajuda a explicar por que algumas pessoas escolhem viver a velhice nessa cidade, quando podem evitar.

Uma rápida capacidade de recuperação também é uma característica importante dessas pessoas. A reação da maioria dos habitantes da cidade aos ataques de 11 de setembro de 2001, quando terroristas fizeram dois aviões sequestrados colidirem com as torres do World Trade Center, foi a resolução típica de se recuperar e reconstruir o lugar.

Acima, da esquerda para a direita: Manhattan, vista da ponte do Brooklyn; a grandiosidade do estilo belas-artes na estação Grand Central; um drinque depois do horário de trabalho na cidade que nunca dorme; o edifício Chrysler.

Abaixo: nova--iorquino, Nova

PANORAMA DA CIDADE **11**

Acima, da esquerda para a direita: encontro de amigos no West Village; o museu Guggenheim na 5ª Avenida; DJ girando pratos num bar de Tribeca; a silhueta dos edifícios contra o céu em Lower Manhattan.

O CLIMA

Em geral, Nova York é abençoada com muito sol em todas as estações. Predominam as áreas de alta pressão, e os períodos de tempo ruim tendem a ser apenas isto: períodos. No entanto, tome cuidado em julho e agosto, quando a cidade fica muito quente e úmida. É difícil ter disposição para visitar pontos turísticos quando a temperatura está entre 30º e 39ºC.

Os invernos em Nova York são frios, com temperaturas que normalmente caem até -12ºC, em janeiro e fevereiro. Ventos gelados sopram em torno dos quarteirões, e as nevascas com frequência são fortes a ponto de parar o trânsito. Fotografias de pessoas esquiando na 5ª Avenida não são montagens, como pode parecer à primeira vista.

Por outro lado, as temperaturas em maio, junho, setembro e outubro são agradáveis, o que faz desses meses ideais para descobrir a cidade.

OS RIOS

Nova York fica na foz do rio Hudson. Manhattan é delimitada a leste pelo rio East, uma estreita faixa de água que liga o estreito de Long Island e a baía superior de Nova York. Calcula-se que sejam necessárias cerca de sete horas e quinze minutos para nadar em torno da ilha de Manhattan (não recomendamos).

A CIDADE DOS PEDESTRES

Ao contrário da maioria das cidades americanas, Nova York é ótima para pedestres, auxiliada pelo fato de que grande parte dela esteve organizada segundo um plano quadriculado fácil de entender – ruas (norte-sul) e avenidas (leste-oeste) numeradas. Não dê muita atenção ao rótulo ostentoso de Avenida das Américas, em favor da boa e velha Sixth Avenue, mas tome cuidado com a colcha de retalhos que se forma abaixo da 14th Street.

Nessa porção mais meridional de Manhattan, há ruas únicas, muitas delas formando ângulos estranhos, o que torna andar por essa região uma atividade divertida até para nova-iorquinos de longa data. Tudo realmente muda ao sul da Houston Street, depois que os números acabam. E lembre-se de que a 5ª Avenida e, ao norte, o Central Park marcam a divisão entre leste e oeste.

Segurança

Algumas pessoas têm medo de andar em Nova York por causa de supostos batedores de carteira ou assaltantes, mas, na verdade, o índice de criminalidade na cidade caiu acentuadamente nos últimos anos. Os crimes que realmente ocorrem tendem a ser tão aleatórios em sua natureza quanto em qualquer outro lugar do mundo e, também como em outros lugares, é a ostentação de joias ou riqueza que acaba chamando a atenção indesejada.

Como Nova York é uma cidade tão acessível aos pedestres e, geralmente, um lugar animado a qualquer hora, há apenas uns poucos locais que se deve evitar. A maioria das ruas está sempre cheia – embora Midtown e o sul de Manhattan sejam mais desertos à noite, enquanto East e West Village fervilham de gente. Depois do anoitecer, é melhor

Táxis amarelos
Os táxis de Nova York datam de 1907, quando John Hertz fundou a Yellow Cab Company. Ele escolheu o amarelo depois de ler um estudo que dizia que essa cor é a mais fácil de achar no meio de outras.

evitar o Central Park, o Battery Park e o Harlem.

METRÔ, ÔNIBUS E TÁXIS

Além de ser uma cidade onde é fácil andar a pé, Nova York também tem excelentes serviços de metrô e ônibus. Mapas de ambas as redes podem ser encontrados nas estações de metrô. Apesar de relatos dizendo o contrário, os trens do metrô são considerados bastante limpos e seguros – embora ainda seja melhor evitar viajar sozinho depois das dez da noite. O metrô é geralmente o meio mais rápido de deslocamento, principalmente em longos percursos, mas, se a distância for de alguns quarteirões apenas, ir a pé leva menos tempo.

Os ônibus são úteis se o tempo estiver ruim e mesmo assim você quiser passear, mas provavelmente vai andar na mesma velocidade que eles se for um caminhante veloz. Todos os ônibus têm um letreiro digital que informa o destino.

É fácil ficar dependente dos vistosos táxis amarelos – ao contrário de muitas cidades, onde se tem de combinar a corrida com antecedência, em Nova York parece que os táxis simplesmente surgem do nada (menos quando está chovendo). As tarifas são razoáveis, mas, se estiver tentando ir para algum lugar no meio do dia ou em horário de pico, a corrida pode ser longa, frustrante e cara. Talvez a melhor ideia seja ir de metrô.

Uma cidade excepcional

Ao final da primeira viagem para Nova York, a maioria dos turistas é fisgada. Nada é tão divertido quanto andar entre os arranha-céus de Midtown pela primeira vez ou ver a Estátua da Liberdade se agigantando sobre nossas cabeças no cais dos *ferries*, ou caminhar pelo Central Park numa tarde tempestuosa de inverno. Caminhe com um objetivo e você vai se adaptar perfeitamente. Sob o manto protetor, até os nova-iorquinos às vezes se sentem oprimidos, como os turistas, por essa cidade excepcional, mas isso não é coisa que se descubra só de olhar para eles.

As praias de Long Island

Embora Nova York fique no litoral, as praias acessíveis por transporte público geralmente ficam lotadas, principalmente em fins de semana de muito calor no verão. As melhores ficam a meio dia de viagem de Manhattan, em Long Island.

Floresta urbana

Quando Henry Hudson subiu o rio que hoje leva seu nome, o primeiro imediato Robert Juett escreveu: "Encontramos uma terra coberta de carvalhos grandes e altos, com grama e flores, tão agradável como jamais se viu". Nova York ainda tem mais de 11.300 ha de parques, dos quais 4 mil ha permanecem mais ou menos em seu estado natural. Falcões peregrinos fazem ninhos nas reentrâncias dos arranha-céus de Midtown, e coiotes saem do condado de Westchester e vão até o Bronx. Frederick Law Olmsted, o arquiteto que projetou o Central Park, escreveu: "A contemplação das paisagens naturais... faz bem à saúde e ao vigor do homem".

ONDE COMER

Dos ovos fritos com gema mole aos suflês trufados, do sofisticado restaurante francês ao carrinho de lanches rápidos na calçada e do sashimi ao chucrute, em Nova York, a gama de culinária de dar água na boca só é igualada pela variedade de preços.

Aulas de culinária

A maior escola de culinária do país, o Institute of Culinary Education, fica na 23rd Street, entre as avenidas Sixth e Seventh. Oferece vários cursos com meio dia de duração quase todos os dias. Para informações, visite <www.iceculinary.com>.

Abaixo: condimentos clássicos.

Nova York sempre foi famosa pela miscelânea culinária. Das delicatéssen judaicas, passando pelo restaurante dos delegados da ONU (*ver p. 39*), às casas de taco mexicano, é possível se deliciar com uma assombrosa variedade de comida dos mais variados preços: de um cachorro quente de um dólar no Gray's Papaya (*ver p. 119*) a um hambúrguer de cem dólares no DB Bistro Moderne (*ver p. 27*). Os restaurantes finos da cidade orgulham-se de servir o melhor da cozinha francesa.

AS MODAS NA COZINHA

As modas são fundamentais em Nova York, e a moda contemporânea são as cozinhas famosas lideradas por *chefs* célebres, tanto nacionais quanto vindos de Londres, Paris e Itália. Entre as estrelas do momento, estão David Waltuck, Alain Ducasse e Daniel Boulud.

Outra moda atual é colocar na frente dos nomes dos estilos culinários as palavras *haute* e *real*, para enfatizar qualidade e autenticidade. "*Haute Italian*", por exemplo, descreve a cozinha italiana no que ela tem de mais elaborado, ao passo que a peculiar expressão "*Haute Barnyard*" promete comida de dar água na boca, no estilo tradicional do interior, utilizando ingredientes étnicos a preços de encher os olhos d'água. Já "*Real Barnyard*" significa a cozinha regional autêntica.

Dietas especiais

Embora os "vegetarianos" tenham passado de coadjuvantes a atores principais, com dietas vegetarianas cada vez mais acessíveis, o tema dos extremos continua com dietas que carregam o prefixo "sem" ("sem leite" ou "sem trigo", por exemplo). Esses termos estão espalhados por quase todos os cardápios de Nova York, exceto nos menos elegantes, o que torna possível encontrar alimento

Acima, da esquerda para a direita: lanchonete nova-iorquina; o hambúrguer de cem dólares do DB Bistro Moderne (ver p. 27); comidinha gostosa no Rice (ver p.122); chef trabalhando numa cozinha aberta.

adequado para qualquer pessoa, qualquer que seja seu regime alimentar.

TENDÊNCIAS POR ÁREA

Midtown

Nesta área da cidade, estão alguns dos restaurantes mais sofisticados e caros do mundo – Four Seasons (ver p. 118), Le Cirque e Alain Ducasse, no St. Regis, para mencionar apenas alguns. Muitos dos pilares de Manhattan também ficam aqui, e o vencedor do prêmio de longevidade é o fabuloso e nonagenário Oyster Bar (ver p. 41), na estação Grand Central.

Para comer em Midtown, vale a pena se preparar. A espontaneidade é bem-vinda para os lados de Downtown; em Midtown, é melhor fazer reserva, principalmente quando for jantar antes ou depois do teatro.

Aqui, os restaurantes, sobretudo os mais caros, frequentemente exigem traje formal. Os homens devem estar de terno (ou, pelo menos, de paletó) e as mulheres arrumadas para uma noite glamorosa. Muitos restaurantes de Midtown fecham aos domingos e no horário de almoço aos sábados, já que os clientes das empresas da região estão de folga.

Meatpacking District, Chelsea, Soho e Tribeca

O Meatpacking District é bom tanto para comer quanto para ser visto, mesmo que os clientes sejam com frequência modelos tão magros que parecem não comer nunca. O sempre confiável Florent (ver p. 79) fica aberto dia e noite; já o Chelsea Market (ver p. 72), Ninth Avenue com 15th Street, é o paraíso do fetichismo culinário – uma dúzia ou mais de padarias, açougues, fornecedores de utensílios para cozinha e outras lojas de inclinação gastronômica, todos montados em antigos armazéns.

Depois que o Soho conquistou reconhecimento como centro artístico, as pessoas começaram a vir para cá em busca do "cenário". Os preços dos restaurantes refletem a elegância que predomina no lugar atualmente, mas não é necessário ficar com fome ou pagar os olhos da cara. Pode-se gastar 35 dólares ou mais num filé no Balthazar (ver p. 83), mas também comer por muito menos no Fanelli Cafe (ver p. 81).

No vizinho Tribeca, os astros desempenham um papel importante, desta vez na pessoa do ator Robert De Niro, hoje um dos mais famosos donos de restaurante em Tribeca. Ele se mudou para o bairro em 1976 e começou a investir em restaurantes como o Nobu (ver p. 123) e o Tribeca Grill (ver p. 83). De Niro fazia propaganda da área como um lugar legal de se frequentar, o que ainda é.

East Village e Lower East Side

Antigamente, não existiam motivos para uma aventura nesses bairros, principalmente à noite; agora, são lugares bastante animados depois do entardecer e, na opinião de muitos nova-iorquinos, as duas únicas razões para visitar o Lower East Side e o East Village são comer e beber.

As antigas ruas humildes do Lower East Side, um enclave de imigrantes em séculos passados, são hoje dominadas por alternativos. Para ver esse

Melhor fazer reserva

As reservas são essenciais. A menos que planeje comer numa lanchonete ou cafeteria, reserve com antecedência. Se pretende ir a um local novo, que as pessoas não param de elogiar, ligue dias ou até semanas antes. E, mesmo com reserva, não se surpreenda se ainda tiver de esperar um pouco para se sentar à mesa. O único meio seguro de evitar as multidões é comer fora dos horários de pico.

Acima, da esquerda para a direita: coquetéis no Lower East Side; jantar à beira d'água em Lower Manhattan.

renascimento, dê uma conferida nos restaurantes do entorno das ruas Ludlow e Clinton. Mas, para sentir o gosto do legado da área, visite a Katz's Delicatessen (*ver p. 86*) ou os restaurantes indianos baratos e coloridos que ficam ao longo da Sixth Street, entre as avenidas Second e First, conhecidos coletivamente como "Curry Row", ou seja, corredor do *curry*.

Para uma olhada na cena do East Village, vá aos bares e restaurantes descolados das avenidas A e B, mas pode se preparar: vai se sentir velho se tiver mais de 40 anos, fora de moda se estiver vestindo outra cor que não preto e fora de sincronia se chegar antes das dez da noite.

O debate sobre o *bagel*

A maneira mais fácil de iniciar uma discussão entre nova-iorquinos é perguntar a eles onde encontrar o melhor *bagel* da cidade. Esses anéis de massa de pão, primeiro fervidos e depois assados, foram introduzidos em Nova York nos anos 1880 por judeus do Leste Europeu e, desde então, tornaram-se um artigo de consumo geral na cidade. As variedades são inúmeras – com gergelim, sementes de papoula, cebola, passas, entre outras – e tradicionalmente consumidas untadas com queijo cremoso e, às vezes, uma fatia de *lox* (salmão defumado) e cebola roxa. Em Uptown, os lugares preferidos são H&H Bagel (2239 Broadway com 80th Street), Lenny's Bagels (2601 Broadway com 98th Street) e Tal Bagel (333 East 86th Street perto da Second Avenue). Em Midtown, procure por Ess-a-Bagel (359 First Avenue com 21st Street) e Pick a Bagel on Third (297 Third Avenue com 22nd Street). Em Downtown, há muito tempo, o favorito é o Kossar's (367 Grand Street, perto de Essex Street), especializado em *bialys*, um primo próximo do *bagel*, mas sem o furo no meio.

Upper West Side

Esta parte da cidade, que abriga o Lincoln Center e o cerne da comunidade judaica de Nova York, é boa para um jantar chique e despretensioso. Durante anos, ouvimos dizer que era desperdício jantar no Upper West Side, e que os turistas deviam matar a fome antes de se aventurar ao norte de Columbus Circle. Mas isso nunca foi verdade. Nos últimos anos, restaurantes novos e sensacionais, comandados por *chefs* célebres como Jean Georges Vongerichten (*ver p. 119*), colocaram a área no mapa gastronômico da cidade de uma vez por todas.

A chegada do Time Warner Center elevou ainda mais as apostas culinárias, com o altamente respeitado Porter House New York, de Michael Lomonaco (*ver p. 62*), e o sempre lotado Masa, atualmente detentor do título de restaurante mais caro de Manhattan.

Upper East Side

Com imóveis de preços astronômicos e lojas combinando, o luxuoso Upper East Side é onde senhoras ricas com bastante tempo livre gostam de almoçar. Realmente se come muito bem nessa parte da cidade, e a população do entorno é o tipo de grupo que aprecia jantares a preços menos acessíveis. Muitos dos melhores restaurantes do bairro são velhos conhecidos que parecem talhados para ocasiões especiais, a fim de entreter um cliente ou um parente em visita. A área atraiu *chefs*, como Daniel Boulud e Philippe Bertineau, que estavam em busca de clientes de gosto refinado e muito dinheiro para gastar nas refeições.

Em sua maioria, os melhores restaurantes concentram-se na parte oeste

da região, em ruas arborizadas, ladeadas por palacetes e prédios de apartamentos com porteiros de luvas brancas. Em geral, quanto mais a leste se vai, mais jovens se tornam os frequentadores – a Second Avenue, principalmente, é notável pelos bares ruidosos e pelos restaurantes que servem solteiros inquietos à caça de companhia.

BRUNCH

É nos fins de semana que os nova-iorquinos andam em vez de correr. Nas manhãs de sábado e domingo, os restaurantes se enchem de moradores de Manhattan, que começam o dia devagar, comendo um *brunch* na companhia de um amigo ou de seus parceiros ou mesmo sozinhos, lendo um livro ou um jornal. O *brunch* de domingo, em particular, é uma tradição local.

A maioria dos restaurantes tem cardápio de preço fixo para o *brunch*, mas há opções além dele. No coração do Central Park, na beira de um lago pontilhado de barcos a remo coloridos, The Boathouse (*ver p. 44*) ganha o prêmio de mais charmoso. O cardápio também é bom. Experimente a fritada de salmão defumado, a rabanada ou o filé com ovos. Para o melhor *brunch*, de inspiração francesa, vá ao Balthazar (*ver p. 83*), no Soho, e mergulhe seu *croissant* numa xícara gigante de chocolate quente da casa. Para um toque boêmio, considere a possibilidade de ir até o Brooklyn, célebre pelos fins de semana sossegados.

Iguarias finas
As lojas de iguarias finas, as delicatéssen e as padarias são essenciais na cultura gastronômica de Nova York. Na parte superior da cidade, ficam Zabar's, Dean & Deluca e Barney Greengrass, que vendem carnes, peixes, queijos, pães, bolos, tortas e pratos prontos de qualidade excepcional. As pequenas lojas étnicas de varejo são mais modestas em tamanho (mas não em qualidade): delicatéssen italianas e judaicas, lojas de *bagel*, confeitarias e mercados asiáticos.

À esquerda: sábado e domingo são dias de *brunch*.

ONDE COMER 17

COMPRAS

Poucos lugares são tão irresistíveis para as compras como esta cornucópia às margens do rio Hudson, com butiques, lojas de departamentos e pontas de estoque competindo por sua parte nas vendas. Os preços vão do proibitivo ao baratíssimo. Em suma, se não conseguir encontrar um objeto em Gotham, é porque ele não existe.

Horários de funcionamento

Os horários de funcionamento das lojas costumam variar de acordo com a região – a regra é que as lojas de Downtown abram e fechem uma ou duas horas mais tarde que as de Uptown. A maioria das lojas de departamentos, e muitas outras lojas, abre de 2ª-sáb., das 10h às 18h, com horário noturno às 5ªs. Algumas ficam abertas até as 20h ou 21h horas regularmente e também abrem aos domingos.

Abaixo: o Lower East Side é um bom lugar para encontrar moda de outros tempos.

Embora a cidade de Nova York tenha se espalhado do sul (em torno do porto) para o norte, sua evolução no que diz respeito ao mapa de compras se deu no sentido inverso. Os centros de compras são muito antigos no Upper East Side e no Upper West Side, já a maior parte do sul de Manhattan foi tradicionalmente dominada pelos negócios ou pela indústria. As lojas mais antigas ficam em áreas de Downtown, como West Village e Wall Street, e foram originalmente criadas para servir à vizinhança imediata.

Orientação

Com referência à orientação, a regra prática é que lojas vistosas e elegantes ficam em Uptown; grandes lojas de departamentos, em Midtown; e butiques da moda, em Downtown. Nova York é uma cidade sem complicações, com ruas e avenidas numeradas que tornam o deslizar para cima, para baixo e através de Manhattan tão fácil quanto usar um cartão de crédito. As exceções são Greenwich Village e o extremo sul, onde as ruas com nomes tomam o lugar do traçado quadriculado.

LOJAS DE DEPARTAMENTO

Durante muitos anos, as monumentais lojas de departamento eram a principal inspiração das pessoas para fazer compras em Nova York. Em Midtown, na 34th Street, entre as avenidas Sixth e Seventh, ficam a Macy's – que tem preços razoáveis e se anuncia como "a maior loja de departamentos do mundo" – e a Lord & Taylor – que atende a um mercado semelhante, poucos quarteirões ao norte, no número 15 da West 38th Street, na altura da 5ª Avenida. A loja principal da Bloomingdale's, 1.003 da Third Avenue com a 60th Street, oferece opções mais sofisticadas de roupas e utilidades domésticas.

A Saks Fifth Avenue, 611 da 5ª Avenida, altura da 60th Street, e a vizinha Bergdorf Goodman, 754 da 5ª Avenida, são as mais caras e vendem principalmente roupas, joias, acessórios e cosméticos. A Barney's, no 660 da Av. Madison, na altura da 61st Street, é *ne plus ultra* entre as lojas de departamento de Manhattan. Vende moda de vanguarda cara para os mais exigentes compradores.

O QUE COMPRAR

Além de comprar até cansar, talvez valha a pena procurar outras coisas quando se está em Nova York.

Moda

A Av. Madison, acima da 60th Street, é o lugar para quem está em busca de butiques caras e elegantes; o Soho, se a procura é por moda de vanguarda; a 5ª Avenida, se o objetivo são as grifes de luxo tradicionais; e Nolita e Lower East Side são para aqueles que procuram *design* de vanguarda e moda de tempos passados com boa qualidade. O Meatpacking District abriga vários *designers* famosos, como Stella McCartney e Alexander McQueen.

Artes e antiguidades

A cidade tem centenas de galerias de arte, que vão das principais casas de leilão às galerias em voga em Chelsea (*ver p. 72*) e às galerias tradicionais – muitas delas em Uptown (em torno da 57th Street, perto das avenidas Madison e 5ª) e no Soho.

Existem várias regiões boas para comprar antiguidades, sobretudo próximo às ruas 10th, 11th e 12th, entre University Place e Broadway. Mais acima, na Broadway, fica a sofisticada ABC Carpet & Home (888 Broadway com 19th Street), que tem vários andares de objetos modernos e antiguidades convencionais junto com roupa de cama exótica, carpetes importados e outros acessórios para casa. As antiguidades podem ser encontradas na 60th Street, entre as avenidas Madison e Second.

Livros

A Barnes & Noble domina o mercado de livrarias com muitas megalojas. A Borders também tem presença marcante na cidade. As lojas de ambas as redes geralmente têm cafés e lugares para leitura de livros. O Greenwich Village é um ótimo lugar para comprar livros e discos; para títulos de segunda mão e antiguidades, faça uma visita à Strand Book Store (*ver p. 76*) no 828 da Broadway, na altura da 12th Street, que diz ter dois milhões de volumes em estoque. (Há uma segunda loja em 95 Fulton Street.)

Eletrônicos

Há muitas opções para quem deseja aproveitar a viagem para comprar eletrônicos de maior porte. Um dos melhores lugares da cidade para comprar câmeras e equipamento fotográfico é a B&H Photo-Video, 420 Ninth Avenue, na altura da 34th Street. É uma loja enorme e movimentada, com bons preços, e que funciona como um relógio. Funciona de acordo com o calendário hassídico, por isso, verifique os dias e os horários de funcionamento.

Outra boa opção para eletrônicos é a série de lojas que compõem a J&R Music World em 23 Park Row, em frente ao parque da prefeitura. E, se quiser seguir os passos de milhões de pessoas e se render ao último modelo de iPod, visite a fantástica loja da Apple, na 5ª Avenida. Há também outra loja Apple em 103 Prince Street, na altura da Mercer Street, no Soho.

Muitos lugares não oferecem garantia para eletrônicos (principalmente as lojas menores), confira antes de comprar.

Acima, da esquerda para a direita: Macy's – "a maior loja de departamentos do mundo"; bonés numa feira; Strand Book Store – uma instituição nova-iorquina; entre as lojas de brinquedo, está a FAO Schwarz.

As liquidações

As liquidações acontecem do meio de dezembro até o meio de fevereiro, e do meio de julho até o meio de agosto. As lojas de departamentos geralmente oferecem os melhores descontos, que vão de 30% a 70% no fim da liquidação. Feriados – 4 de julho etc. – também são dias ótimos.

HISTÓRIA: DATAS-CHAVE

De pequeno entreposto comercial holandês à encruzilhada do mundo, a ascensão de Nova York foi acompanhada por guerra civil, imigração em massa, revoltas e recessão, terrorismo e triunfo.

Abaixo: Peter Stuyvesant, governador geral de Nova Amsterdã (1647-1664), erigiu uma barricada contra os índios e os britânicos no local onde hoje é a Wall Street; um navio de guerra britânico patrulha o porto de Nova York nos anos 1730; o "Grande Incêndio", de 1835.

NOVA AMSTERDÃ

1524	Giovanni da Varrazzano é o primeiro europeu a pisar na ilha conhecida pelos índios algonquinos como Mannahatta.
1624	A Companhia das Índias Ocidentais estabelece um povoado (Nova Amsterdã) na ponta sul de Mannahatta (onde hoje está o Battery Park).
1664	Guerra entre Inglaterra e Holanda. Rendição de Nova Amsterdã, que recebe o nome de Nova York, em homenagem a Jaime, duque de York, irmão do rei Carlos II.

DA INDEPENDÊNCIA À GUERRA CIVIL

1776	Início da Guerra Revolucionária; as colônias declaram independência. Tropas britânicas ocupam Nova York até 1783.
1789-90	Nova York torna-se a capital dos novos Estados Unidos da América.
1790	Primeiro recenseamento oficial: Nova York tem 33 mil habitantes.
1811	É tomada a decisão de organizar as ruas da cidade seguindo um traçado quadriculado.
1830	Imigrantes irlandeses e alemães começam a chegar em grandes números.
1835	Parte de Manhattan é consumida pelo "Grande Incêndio".
1848-49	Refugiados políticos chegam após a derrota da Revolução Alemã.
1858	Calvert Vaux e Frederick Law Olmsted apresentam projetos para o Central Park.
1861-65	Guerra Civil Americana. Nova York está do lado ianque, vencedor.

FIM DO SÉCULO XIX

1865	Italianos, judeus e chineses começam a chegar em grande número.
1869	Inauguração do Museum of Natural History.
1880	Inauguração do Metropolitan Museum of Art.
1883	Inauguração da ponte do Brooklyn. A Metropolitan Opera encena sua *performance* de estreia.
1886	Inauguração da Estátua da Liberdade, presente da França.
1892	A ilha de Ellis torna-se o ponto de entrada de imigrantes. Mais de 12 milhões deles passaram por lá antes do fechamento em 1954.
1898	Os cinco distritos de Nova York unem-se sob um governo municipal.

SÉCULO XX

1902	Conclusão das obras do Flatiron, por pouco tempo o edifício mais alto do mundo.
1904	Fundação do sistema de metrô.
1913	Início da construção do arranha-céu mais alto do mundo, o Woolworth, superado pelo edifício Chrysler em 1930.
1917-18	Os Estados Unidos intervêm na Primeira Guerra Mundial.
1929	*Crash* da bolsa em Wall Street e início da Grande Depressão.
1931	Inauguração do Empire State, que assume o título de edifício mais alto do mundo.
1933-45	Europeus refugiam-se em Nova York, fugindo da perseguição nazista.
1939	Dez anos depois de sua fundação, o Museum of Modern Art muda-se para novas instalações na 53rd Street.
1941	Os Estados Unidos entram na Segunda Guerra Mundial.
1946	Início das reuniões das Nações Unidas em Nova York.
1959	Inauguração do museu Guggenheim. Começam as obras do Lincoln Center.
1970	A cidade sofre um declínio econômico que se estende até aproximadamente 1976.
1973	Inauguração do World Trade Center, com 110 andares, na época, o edifício mais alto do mundo.
1975	A cidade escapa da bancarrota com um empréstimo do governo federal.
1986	Inauguração da Battery Park City.
1987	"Segunda-feira Negra" em Wall Street; as ações sofrem uma queda repentina de 30%. Uma bomba explode embaixo do World Trade Center.
1990	David Dinkins torna-se o primeiro prefeito afro-americano de Nova York.
1993	Rudolph Giuliani é eleito prefeito e é "inflexível com o crime". Por volta de 1997, o declínio na criminalidade transforma a *Big Apple* numa das metrópoles mais seguras dos Estados Unidos.

SÉCULO XXI

2000	Uma multidão se reúne na revitalizada Times Square para assistir à passagem do milênio.
2001	Terroristas jogam dois aviões sequestrados contra as torres gêmeas do World Trade Center. O edifício desaba, matando quase 3 mil pessoas. Michael Bloomberg é eleito prefeito.
2003	Apagão deixa Nova York às escuras.
2004	Reabertura do Museum of Modern Art em Manhattan, após ampliação. Inauguração do Time Warner Center no Columbus Circle.
2005	No Central Park, os artistas Christo e Jeanne-Claude constroem "The Gates", 7.500 portais com painéis de tecido cor de açafrão.
2006	Começam as obras do memorial *Reflecting Absence* no Marco Zero.
2009	Provável conclusão da reforma do Lincoln Center, do Museum for African Art e dos estádios de beisebol dos Yankees e dos Mets.

Acima, da esquerda para a direita: imigrantes chegam à ilha de Ellis; o *crash* em Wall Street.

Acima: o World Trade Center foi o edifício mais alto do mundo de 1973 a 2001; Michael Bloomberg comemora sua eleição para prefeito no final de 2001.

ITINERÁRIOS

1. 5ª Avenida — 24
2. Times Square e Broadway — 30
3. Museum of Modern Art (MoMA) — 32
4. ONU e Midtown East — 38
5. Central Park — 44
6. Metropolitan Museum of Art (MET) — 46
7. Museus do Upper East Side — 50
8. Upper West Side — 56
9. Harlem — 64
10. The Cloisters (Os Claustros) — 66
11. Flatiron, SoFi, Union Square e Chelsea — 70
12. Greenwich Village — 74
13. Soho e Tribeca — 80
14. East Village e Lower East Side — 84
15. Lower Manhattan — 88
16. Estátua da Liberdade e Ilha de Ellis — 92
17. Brooklyn — 94
18. Bronx — 96

5ª AVENIDA

Poucas ruas evocam a essência da cidade de maneira tão forte quanto a 5ª Avenida, com o vistoso Empire State, o glorioso Rockefeller Center, as lojas chiques e a elegante catedral de São Patrício.

DISTÂNCIA 2,5 km
DURAÇÃO Meio dia
INÍCIO Empire State
FIM Grand Army Plaza
OBSERVAÇÕES
Tente chegar o mais cedo possível ao Empire State, para evitar filas longas, ou vá ao entardecer, para apreciar o pôr do sol e a vista espetacular de Manhattan à noite. O Top of the Rock oferece uma vista alternativa da cidade, com filas menores.

Antigamente, a 5ª Avenida era o *playground* das famílias mais ricas de Gotham. Hoje, para a maioria das pessoas, ela é a imagem de Manhattan. Aqui estão os arranha-céus mais altos, as melhores vistas, os jantares românticos e as lojas de grife.

EMPIRE STATE

Elevando-se como um foguete acima da 34th Street e da 5ª Avenida, está o **Empire State** ❶ (tel.: 212-736-3100; <www.esbnyc.com>; mirante, diariamente, 8h-2h, última subida às 1h15; pago). Em 1931, quando foi inaugurado, esse marco *art déco* era o edifício mais alto do mundo; hoje, fica atrás de arranha-céus de Taipei, Kuala Lumpur, Chicago, entre outros. Ainda assim, a vista do mirante no 86º andar é incomparável: num dia claro, pode-se enxergar a uma distância de até 128 km.

Este foi o lugar onde o desesperançado Cary Grant esperou por Deborah Kerr em *Tarde demais para esquecer* (1957), onde Tom Hanks se apaixonou por Meg Ryan em *Sintonia de amor* (1993) e onde Fay Wray teve um encontro com um moreno alto e dominador, de caráter um pouco mais selvagem, em *King Kong* (1933).

Opções de ingressos

As filas no ponto de fiscalização de segurança na bilheteria e no elevador podem ser imensas, mas é possível economizar tempo comprando ingressos *on-line*. Embora ainda se tenha de passar pela segurança e esperar o elevador, não haverá necessidade de aguardar horas para comprar um ingresso. Se o dinheiro estiver sobrando, é possível comprar um "Express Pass Ticket", que dá ao portador o direito de ficar na frente, em todas as filas. Pagando um pouco mais, podem-se adquirir ingressos também para o **Observatory** do 102º andar, vendidos apenas na bilheteria do 2º andar.

New York Skyride

New York Skyride é um voo simulado pela cidade, narrado pelo ator Kevin Bacon. A menos que esteja viajando com crianças, talvez você prefira pular essa atração, já que a experiência virtual fica parecendo ligeiramente redundante quando a verdadeira está a

> A good Booke the pretious life-blood of a fter fpirit, imbalm'd and treafurd on purpofe to a life beyond life

apenas um elevador de distância. A única vantagem do ingresso para o Skyride é que ele oferece um atalho para o mirante.

Se estiver com fome quando voltar ao solo, há muitos lugares onde comer nas proximidades. Para quem é louco por carne, **Keen's Steakhouse**, ver ⑪①, dois quarteirões ao norte, na West 36th Street. Se a vontade for de doce, **Beard Papa Sweets Café**, ver ⑪②, sete quarteirões ao norte, na East 41st Street.

A BIBLIOTECA PÚBLICA DE NOVA YORK

Continue para o norte na lendária 5ª Avenida. Embora os magníficos palacetes, que outrora eram propriedades dos Astor e dos Vanderbilt, tenham sido substituídos por pontas de estoque e lojas de informática, o antigo esplendor ainda pode ser visto na 42nd Street, no elegante prédio em estilo belas-artes da **New York Public Library** ❷ (tel.: 212-930-0830; <www.nypl.org>; 3ª-4ª, 11h-19h30; 5ª-

Onde comer 🍴

① KEEN'S STEAKHOUSE
72 West 36th Street (perto da Sixth Avenue); tel.: 212-947-3636; 2ª-6ª, almoço e jantar; sáb.-dom., jantar; $$$
Em atividade desde 1885, este clássico restaurante de carnes americano serve grossos filés de carne bovina e ovina.

② BEARD PAPA SWEETS CAFÉ
18 East 41st Street (com 5ª Avenida); tel.: 212-779-0600, diariamente, café da manhã, almoço e jantar; $
As bombas de creme são a especialidade da rede, mas o bolo de chocolate belga é igualmente sedutor.

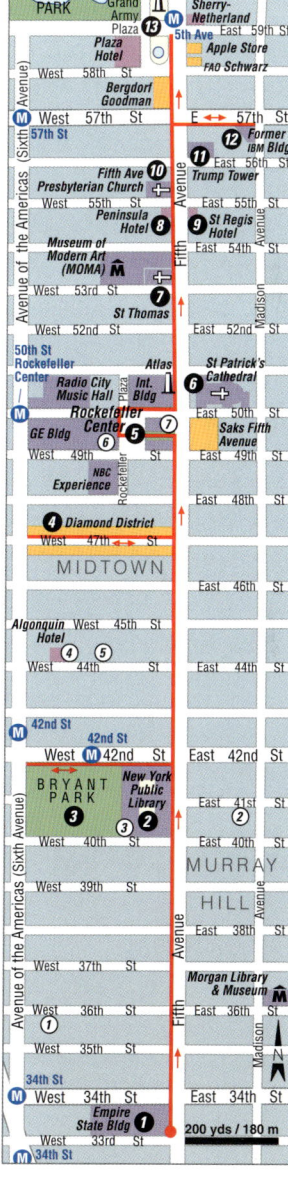

Acima, da esquerda para a direita: saguão do Empire State; a estátua de Paul Manship, *Prometeu trazendo o fogo ao mundo*, em Rockefeller Plaza; uma máxima bibliófila na New York Public Library; o Empire State visto do Top of the Rock (ver p. 28).

Os leões da biblioteca
Os imponentes leões de pedra que ficam na entrada da biblioteca pública de Nova York foram esculpidos por Edward Clark Potter e originalmente receberam os nomes Astor e Lenox, em homenagem a benfeitores da biblioteca. Hoje, são mais conhecidos como Paciência e Fortitude, apelidos escolhidos por Fiorello LaGuardia, prefeito na época da Grande Depressão.

Alguém quer tomar café?

Uma das mais famosas cenas matinais da história do cinema americano foi filmada na 5ª Avenida. Quem consegue esquecer Audrey Hepburn no papel de Holly Golightly, com o olhar sonhador fixo nas janelas da Tyffany's, na 5ª Avenida com 57th Street, enquanto mastiga uma massa folhada?

sáb., 10h-18h; dom., 13h-17h; visitas guiadas diárias; grátis).

Com suas colunas coríntias e o mármore branco de Vermont, as escadarias majestosas e os famosos leões esculpidos (*ver p. 25*) montando guarda na entrada, o edifício de 1911 é um marco entre outros do mesmo gênero, ao lado de preciosidades como a biblioteca Morgan (ver quadro abaixo) e a estação Grand Central (*ver p. 40*). Os arquitetos foram John Merven Carrère e Thomas Hastings, sócios formados em Paris, cujo projeto venceu a concorrência.

Salão de leitura

O magnífico salão principal de leitura é imperdível. Esplendidamente reformado em 1998, a um custo de 15 milhões de dólares, tem um perímetro longo coberto por obras de referência que circundam escrivaninhas iluminadas por abajures, nas quais os leitores leem os livros que saem de vastos recantos escondidos da biblioteca, depois de solicitados em papeletas de chamada. Visitas guiadas gratuitas são oferecidas diariamente, começando no Astor Hall, na entrada da biblioteca.

Entre livros, mapas, manuscritos, periódicos, fotografias e artigos variados que se contam aos milhões nesse prédio, estão a primeira *Bíblia de Gutenberg* trazida para a América, o relato de 1493 de Cristóvão Colombo sobre sua importante viagem, o *Farewell Address* (discurso

Biblioteca e museu Morgan

J. P. Morgan (1837-1913), banqueiro de investimentos, famoso por ter consolidado impérios de estradas de ferro e aço, foi um perito colecionador, cujos gosto e riqueza constituem a base do acervo da Morgan Library and Museum (Av. Madison, n. 225, na altura da 36th Street; tel.: 212-685-0008; <www.morganlibrary.org>; 3ª-5ª, 10h30-17h; 6ª, 10h30-21h; sáb., 10h-18h; dom., 11h-18h; pago). Sua ambição alcançou o ápice próximo à virada do século XX, quando ele adquiriu coleções inteiras dos mais proeminentes comerciantes de arte da Europa e dos Estados Unidos. Morgan comprou porcelana chinesa, tapeçaria medieval e antiguidades do Oriente Médio, junto com pinturas e desenhos dos grandes mestres. Adquiriu também livros de horas com iluminuras e cartas manuscritas por Thomas Jefferson, George Washington e Napoleão, assim como manuscritos de Charles Dickens, John Keats, John Milton, entre outros. Igualmente impressionante é o prédio que abriga a coleção, uma mansão elegante, projetada no início do século XX pelo arquiteto Charles McKim. A ampliação moderna de Renzo Piano, ansiosamente esperada, aumentou significativamente o espaço de exposição e aprimorou as instalações.

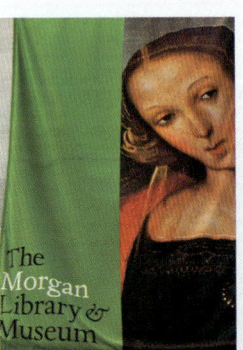

de despedida) de George Washington, escrito por ele mesmo, e o primeiro rascunho de Thomas Jefferson para a *Declaração de Independência*.

BRYANT PARK

Bem atrás da biblioteca pública fica o **Bryant Park** ❸, um oásis agradável em Midtown. Pare para tomar um café e comer alguma coisa no Bryant Park Café, cuja clientela é geralmente formada por frequentadores atraentes, com seus trinta e poucos anos, ou para uma refeição completa no mais sofisticado **Bryant Park Grill**, ver 🍴❸. Outra opção é andar dois quarteirões para o norte, até a West 44th Street, para uns drinques no **Algonquin Hotel**, ver 🍴❹, ou para uma refeição sofisticada no **DB Bistro Moderne**, ver 🍴❺.

ROCKEFELLER CENTER

Continuando a 5ª Avenida acima, basta virar à esquerda na West 47th Street para entrar no **Diamond District** ❹, onde cerca de 500 milhões de dólares em gemas são negociados todos os dias, a maior parte por judeus hassídicos.

Na 48th Street, a 5ª Avenida dá continuidade à sua fama de lugar soberbo, com o glorioso **Rockefeller Center** ❺ (visitas guiadas diárias, a cada duas horas; ingressos vendidos na NBC Experience Store, *ver p. 28*), um conjunto de 19 edifícios comerciais construídos pelo financista John D. Rockefeller Jr. na década de 1930.

Vindo da 5ª Avenida, entre nesta imensa "cidade dentro da cidade" pelos **Channel Gardens**, uma passagem inclinada que leva à base do edifício da GE (30 Rockefeller Plaza), um elevado ponto de referência *art déco*, construído em 1934, que de algum modo pressagiava os futuros arranha-céus.

Arte pública

O edifício da GE está voltado para um pátio escavado no chão, que se transforma em restaurante ao ar livre durante o verão e em rinque de patinação no gelo no inverno. Uma árvore de Natal altíssima é montada aqui na época das festas de fim de ano.

> **Onde comer** 🍴
>
> ❸ **BRYANT PARK GRILL**
> 25 West 40th Street (com Sixth Avenue); tel.: 212-840-6500; diariamente, almoço e jantar; $$-$$$
> Uma parede de vidro e um amplo terraço aproveitam ao máximo o entorno arborizado do parque. A comida faz jus ao cenário, com um cardápio de peixes e carnes grelhados e assados com maestria.
>
> ❹ **ALGONQUIN HOTEL**
> 59 West 44th Street (perto da Sixth Avenue); tel.: 212-840-6800; diariamente, café da manhã, almoço e jantar; $$$
> Martinis no Blue Bar ou chá da tarde no saguão de paredes forradas com painéis de madeira, há um clima de história literária neste espaço que já foi ocupado por Dorothy Parker e membros da Távola Redonda.
>
> ❺ **DB BISTRO MODERNE**
> 55 West 44th Street (perto da 5ª Avenida); tel.: 212-391-2400; 2ª-sáb., almoço e jantar; jantar diariamente; $$$$
> Tão moderno que o cardápio é organizado por ingrediente. O bistrô do *chef* Daniel Boulud é cheio de sofisticação *art déco*, figuras proeminentes do mundo editorial e turistas chiques. O hambúrguer de *foie gras* e trufas é característico das surpresas culinárias que saem da cozinha.

Acima, da esquerda para a direita: Bryant Park; do mirante do Top of the Rock, tem-se uma vista impressionante do Central Park.

Radio City
No lado oeste do Rockefeller Center, fica o Radio City Music Hall, um teatro *art déco* conhecido pelos *shows* de Natal extravagantes e pelas bailarinas de cancã, as Rockettes. Dos enormes candelabros do saguão ao auditório suntuosamente adornado, o lugar é magnífico. Faça uma visita (tel.: 212-307-7171; <www.radiocity.com>; diariamente, 11h-15h; pago) para conferir.

FAO Schwarz
Esta imensa loja de brinquedos na 5ª Avenida (no n. 767; tel.: 212-644-9400) é uma atração clássica de Nova York. Para um sortimento de doces de dar água na boca, visite a FAO Schweetz.

A estátua dourada *Prometeu trazendo o fogo ao mundo* é obra de Paul Manship.

Um admirável relevo de pedra de autoria de Lee Lawrie, *Genius*, eleva-se sobre a entrada do edifício, e no interior do saguão principal estão dois murais de Jose María Sert: *American Progress* e *Time*. O muralista mexicano Diego Rivera foi inicialmente contratado para fazer os murais, mas os Rockefeller o despediram quando ele se recusou a mudar um painel que retratava o revolucionário bolchevique e líder soviético Vladimir Lênin. O mural inacabado foi coberto com telas durante a cerimônia de inauguração do edifício e destruído seis meses depois.

Uma visita à televisão

Antes de ir embora, dê uma olhada na NBC **Experience** (entrada pela 49th Street; tel.: 212-664-3700; <www.nbcuniversalstore.com>; visitas guiadas, 8h30-16h30; 2ª-5ª, a cada 30 minutos; 6ª-dom., a cada 15 minutos; pago), do outro lado do estúdio envidraçado do *Today Show*. Há exposições interativas divertidas e uma coleção de recordações dos 80 anos de história da rede. Mas o ponto alto é a visita de 70 minutos aos bastidores do NBC **Studio**.

Top of the Rock

Também há ingressos para o **Top of the Rock** (tel.: 212-698-2000; <www.topoftherocknyc.com>; diariamente, 8h-0h00, última subida às 23h; pago), um mirante no 70º andar do edifício da GE. Se não tiver tempo para ir ao Empire State, esta é uma boa alternativa, com filas geralmente menores; o mirante fica menos lotado e dá para apreciar o Central Park, que não se vê muito bem do velho refúgio do King Kong. O mirante também é envidraçado, por isso as vistas sofrem menos interrupções.

Para uma noite muito especial, há poucas experiências mais românticas que jantar e dançar no glamoroso **Rainbow Room**, ver ⑥, empoleirado no alto do edifício da GE, com vistas espetaculares da cidade. O **Rock Center Café**, ver ⑦, é uma opção mais barata.

> ## Onde comer
>
> ⑥ **RAINBOW ROOM**
> 30 Rockefeller Plaza; tel.: 212-632-5100; 6ª-sáb., jantar; dom., *brunch*; $$$-$$$$.
> Poucos restaurantes são mais românticos que o Rainbow Room no 65º andar do edifício da GE. Tem pista de dança giratória, estilo *art déco*, e vistas gloriosas. Uma noite aqui é a quintessência da experiência nova-iorquina. O vizinho Rainbow Grill (aberto diariamente para o jantar) custa menos e tem as mesmas vistas.
>
> ⑦ **ROCK CENTER CAFÉ**
> 20 West 50th Street; tel.: 212-332-7620; 2ª-6ª, café da manhã, almoço e jantar; sáb.-dom., almoço e jantar; $$
> A vista do rinque de patinação no gelo no inverno faz deste restaurante um lugar animado para apreciar uma refeição italiana (bolos de caranguejo e risoto excelentes). No verão, o rinque se converte em bar ao ar livre.

A CATEDRAL DE SÃO PATRÍCIO

De volta ao nível da rua, uma enorme escultura de bronze representando Atlas, também feita por Lee Lawrie, fica em frente ao edifício **International**, entre a 50th Street e 51st Street. A **catedral de São Patrício** ❻ (diariamente, 6h30-20h45; grátis), do outro lado da 5ª Avenida, eleva-se sobre o entorno.

Devotada a São Patrício em 1879, a fachada neogótica da catedral faz um contraponto intrigante com as superfícies lisas dos arranha-céus vizinhos. Admire especialmente os impressionantes vitrais.

PARADAS PARA COMPRAS

Depois da catedral, a 5ª Avenida se volta mais para os afazeres mundanos do comércio, embora várias outras igrejas contribuam para contrabalançar o materialismo. A **Saks Fifth Avenue**, uma das melhores lojas de departamentos do país, fica em frente ao Rockefeller Center. Os milionários podem ser vistos por entre Versace, Cartier, Gucci e outras lojas que ficam entre a 51st e 54th Streets.

DA 53RD STREET À 56TH STREET

A fachada ornamentada da **igreja de São Tomás** ❼ – em estilo gótico francês concluída em 1913 – eleva-se acima da 5ª Avenida na 53rd Street. Se tiver tempo, pare para admirar esse santuário.

Continue até o fim do quarteirão seguinte. À esquerda, fica o **Peninsula Hotel** ❽, num grandioso prédio de 1905, de estilo renascentista, atendendo à elite empresarial. À direita, o ainda mais grandioso **St. Regis Hotel** ❾ (*ver p. 112*) é um bolo de noiva eduardiano, adornado com maravilhosas filigranas e murais de Maxfield Parrish. No interior, hóspedes endinheirados se mesclam ao ambiente da era dourada do início do século XX.

Em frente ao Peninsula Hotel, na West 55th Street, fica a imponente **igreja presbiteriana da 5ª Avenida** ❿, construída em estilo gótico em 1873.

Na esquina da 56th Street, eleva-se a **Trump Tower** ⓫. Entre no saguão deste condomínio para dar uma olhada no estilo exagerado do magnata Donald Trump, repleto de metal brilhante, mármore polido e uma cascata de cinco andares de altura.

57TH STREET

Vire a esquina na East 57th Street, local onde estão grifes como Louis Vuitton, Chanel e Prada. Mais informais são as lojas de marcas famosas como Levi's e Nike.

Entre no átrio envidraçado do antigo edifício da IBM ⓬ (Av. Madison, n. 590), onde compradores com os pés doloridos podem descansar, circundados por esculturas modernas, ou fazer um lanche no *mezanino*.

GRAND ARMY PLAZA

Depois da 57th Street, anda-se um quarteirão, passando pela sofisticada loja de departamentos **Bergdorf Goodman** (a moda feminina fica na loja principal, no lado oeste da 5ª, a moda masculina fica no lado leste), e seguindo até **Grand Army Plaza** ⓭, que serve de entrada para o Central Park (*ver p. 44*) e abriga dois hotéis de luxo: o **Plaza** (*ver p. 112*), um marco da cidade, construído em 1907 no estilo de um castelo, e o **Sherry-Netherland** (*ver p. 112*), projetado na década de 1920 pelo magnata do sorvete Louis Sherry como refúgio para membros das classes altas. Hoje, eles recebem tanto residentes fixos em apartamentos como hóspedes de hotel.

Acima, da esquerda para a direita: do lado de fora de uma butique na 5ª Avenida; o *Atlas* de Lee Lawrie em frente à catedral de São Patrício; carros da polícia nova-iorquina passando; Apple Store em Grand Army Plaza.

Apple Store

O extraordinário cubo de vidro que se ergue no ponto onde a 5ª Avenida se encontra com o canto sudeste da Grand Army Plaza é a principal loja da Apple em Nova York (5ª Avenida, 767; tel.: 212-336-1440). Desça a escada em espiral (há um elevador para deficientes) até o subsolo, onde, além de comprar, você pode navegar na internet e checar o *e-mail* (de graça) em qualquer um dos computadores expostos 24 horas por dia, 365 dias por ano. Dizem que a loja da 5ª Avenida, sozinha, vende um iPod a cada dois minutos.

TIMES SQUARE E BROADWAY

Passe umas horas em Times Square e na região dos teatros, visitando os modelos de cera de Madame Tussaud e um museu de fotografia de primeira. Se quiser terminar o passeio assistindo a um espetáculo, este também é o lugar para comprar ingressos com desconto.

Selva de neon
Os painéis luminosos de Times Square não são simples anúncios, mas, nas palavras de um famoso fabricante de painéis, "maravilhosas esculturas de energia cinética". Se todas as luzes de neon de Times Square fossem colocadas lado a lado, cobririam a distância entre Nova York e Washington.

DISTÂNCIA 1,5 km
DURAÇÃO Meio dia
INÍCIO Times Square
FIM Lyceum Theatre
OBSERVAÇÕES
Nossa sugestão é uma visita aos pontos turísticos seguida de um espetáculo num dos teatros próximos, na Broadway. Às quartas-feiras e nos fins de semana, faça um passeio matinal terminando com almoço e matinê; em outros dias, comece à tarde e feche com um espetáculo à noite.

A "encruzilhada do mundo" em Nova York continua fazendo sucesso; mais segura e familiar que nunca. Alguns moradores de Manhattan reclamam da atmosfera um pouco asséptica de **Times Square** ❶ hoje; o aspecto maltrapilho e cheio de personalidade foi totalmente banido pela limpeza. No entanto, permanece a sensação de uma energia irreprimível proveniente tanto do turbilhão da massa de gente como dos watts arrebatadores do neon.

A região dos teatros

A praça é o coração da região dos teatros de Manhattan, e ver um espetáculo na Broadway é uma excelente maneira de fechar esse passeio com chave de ouro. Para ingressos com descontos, visite a bilheteria TKTS (ver margem direita).

Se precisar de ajuda para comprar ingressos antecipados, faça um desvio ao norte da praça em direção ao **Times Square Information Center** (só atende pessoalmente; <www.timessquarenyc.org>; diariamente, 8h-20h; grátis), que funciona no velho Embassy Theatre na Seventh Avenue, entre as ruas 46th e 47th. Lá também pode se checar *e-mail* de graça.

Times Square está sempre mudando e melhorando. A reforma mais recente inclui a de Duffy Square, do lado oposto ao centro de informações, tendo uma nova bilheteria TKTS coberta por uma escadaria de vidro vermelho construída para "rivalizar com os Degraus Espanhóis em Roma".

Uma vez que você tenha passeado na praça, há dois museus muito importantes perto dela. O primeiro é o Museu de Cera de Madame Tussaud; o segundo é a principal exposição de fotografia da cidade.

MUSEU DE MADAME TUSSAUD

Se tiver interesse em visitar o **Madame Tussaud** ❷ (<www.nycwax.com>; dom.-5ª, 10h-20h; 6ª-sáb., 10h-22h;

pago), saindo da extremidade sul da praça, pegue a 42nd Street a oeste. Esse museu divertido abriga sósias de cera e silicone de famosos, como Beyoncé, Britney Spears e Abraham Lincoln.

PHOTOGRAPHY CENTER

Volte ao Times Square e entre na 43rd Street para leste, seguindo até o fim do quarteirão, onde está o **International Center of Photography** ❸ (ICP; tel.: 212-857-0000; <www.icp.org>; sáb.-5ª, 10h-18h; 6ª, 10h-20h; pago), o maior museu e escola de fotografia do mundo. O acervo permanente cobre quase toda a história da fotografia e é mais completo no trabalho de fotógrafos do século XX, como Robert Capa, Henri Cartier-Bresson, Margaret Bourke-White e Diane Arbus. Há excelentes exposições temporárias também.

44TH STREET

Neste ponto do passeio, a apenas um quarteirão ao norte, há dois bons lugares. O **Café Un Deux Trois**, ver 🍴①, virando a esquina depois do International Center of Photography; e o **Sardi's**, ver 🍴②, uma instituição na cidade que fica um pouco mais para oeste na 44th Street, depois da Seventh Avenue.

Esse é o coração da terra da mídia, por isso, ao andar na 44th Street, preste atenção para ver o **ABC Studio** ❹, localizado no segundo andar, de onde todas as manhãs, nos dias de semana, é transmitido o programa *Good Morning America*, e o **MTV Studio** ❺, onde é gravado *Total Request Live*.

BROADWAY

Volte para a Seventh Avenue e siga para o norte. Na 45th Street, no ponto em que ela é cortada pela Broadway, procure pelo **Lyceum Theatre** ❻ (149 West 45th Street), o teatro mais antigo em atividade nesta famosa rua. A fachada em estilo belas-artes e o telhado de mansarda fazem-no um dos mais bonitos. E ainda há tempo para um *show* ou umas comprinhas.

Acima, da esquerda para a direita: trecho da Broadway conhecido como Great White Way; estúdio da MTV.

Ingressos baratos
Ingressos com desconto para espetáculos no mesmo dia podem ser comprados na nova bilheteria TKTS na Duffy Square. Ingressos para espetáculos noturnos: 2ª-sáb., 15h-20h; dom., 11h-19h30; para matinês: 4ª e sáb., 10h-14h; dom., 11h-14h; só aceita dinheiro ou cheques de viagens. Longas filas.

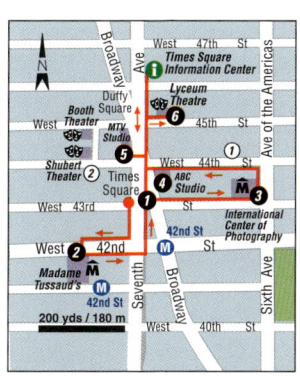

Onde comer 🍴

① CAFÉ UN DEUX TROIS
123 West 44th Street (entre a Broadway e a Sixth Avenue); tel.: 212-354-4148; diariamente, almoço e jantar; $$
Este restaurante grande e agitado é um dos lugares preferidos para ir antes do teatro e uma boa escolha para refeições simples e confiáveis, quando não espetaculares, especialmente por suas maravilhosas batatas fritas. Lápis de cor e papel de embrulho mantêm as crianças ocupadas.

② SARDI'S
234 West 44th Street (próximo da Seventh Avenue); tel.: 212-221-8440; 3ª-dom., almoço e jantar; $$-$$$
Nesta instituição da região dos teatros, os frequentadores comem rodeados por caricaturas de estrelas da Broadway. Ótimo lugar para um almoço ou uma refeição antes do teatro.

MUSEUM OF MODERN ART (MoMA)

Depois de um extenso programa de ampliação, o principal museu de arte moderna do mundo está agora mais bem localizado que nunca, para continuar aumentando a coleção de Picassos, Warhols e Pollocks, e acompanhando o que há de novo nas artes visuais.

Ingressos e palestras

Ingressos válidos tanto para o MoMA como para o Top of the Rock (*ver p. 28*) são vendidos a dois quarteirões de distância, na 50th Street, com uma redução de 20% sobre o preço total. Diariamente, das 11h30 às 13h30, são oferecidas palestras gratuitas nas galerias do MoMA. Há também visitas guiadas e *workshops* para famílias com crianças.

Carnegie Deli

Andar dentro de um museu desse tamanho parece um teste de resistência, por isso, não deixe de comer bem antes. Uma opção excelente é o Carnegie Deli (854 Seventh Avenue com 54th Street; tel.: 212-757-2245). Como alternativa, há três outras boas opções dentro do próprio museu (*ver p. 37*).

> **DISTÂNCIA** Todo o passeio é feito dentro do museu
> **DURAÇÃO** Meio dia
> **INÍCIO/FIM** MoMA
> **OBSERVAÇÕES**
> Fechado às terças. No saguão, há empréstimo gratuito de equipamento de áudio.

O **Museum of Modern Art** (MoMA, 11 West 53rd Street, entre as avenidas 5ª e 6ª; tel.: 212-708-9400; 4ª-5ª; sáb.-2ª, 10h30-17h30; 6ª, 10h30-20h; pago) reabriu em 2004, com grande fanfarra, depois de uma ampliação de 858 milhões de dólares que dobrou a capacidade do museu para expor seus 150 mil objetos e calar a boca dos faladores do mundo internacional da arte.

O ACERVO

No centro do acervo do MoMA, estão cerca de 3.200 telas e esculturas que datam dos anos 1880, uma época que anunciava o início da sensibilidade moderna e o movimento de distanciamento da representação figurativa convencional com a adoção de características mais abstratas. Algumas dessas obras de arte ainda são chocantes para muitas pessoas e severamente criticadas por serem desumanizadoras, perversas, arbitrárias ou simplesmente feias. A missão deste museu é ajudar os visitantes a compreender um pouco dos elementos mais contestadores e estimulantes da cultura visual.

Além de telas e esculturas, o acervo do MoMA inclui inúmeros desenhos e gravuras, livros e fotos, filmes e vídeos e até uma série de objetos funcionais de bom *design*: de cadeiras e máquinas de costura a xícaras e pires.

A disposição das salas do museu

Do saguão, depois de comprar os ingressos e pegar emprestado um guia gravado, alguns querem ir direto para o 5º andar, onde começa a sequência de galerias dedicadas ao acervo principal de telas e esculturas, que continua no 4º andar.

Quase que de imediato, dá para notar que este não é o tipo de museu que divide a arte em categorias estanques. Ao contrário, as galerias fluem de uma para outra com um mínimo de sinalização e interpretação, resistindo à tentação de classificar as obras em escolas ou movimentos separados, o que reflete a filosofia do museu de que "não existe uma história da arte moderna".

Os visitantes ficam livres para fazer suas próprias conexões, embora certos

agrupamentos se formem de modo bem natural: um grupo de pinturas cubistas de Georges Braque e Pablo Picasso, por exemplo, ou um conjunto de obras futuristas de Gino Severini e Umberto Boccioni.

A ordem cronológica das obras também é bastante flexível. De modo geral, o 6º andar é ocupado por exposições temporárias. Os primeiros modernistas europeus, como Cézanne, Van Gogh e Gauguin, encontram-se no 5º andar; expressionistas abstratos, como Pollock e De Kooning, e artistas *pop*, incluindo Warhol e Oldenburg, ficam no 4º andar.

O 3º é dedicado a fotografia, arquitetura, *design* e desenhos. O 2º andar abriga as galerias contemporâneas, as seções de gravuras e os livros ilustrados, e também um café. No 1º andar, perto da entrada, ficam um restaurante mais formal, a loja do museu e o jardim de esculturas.

QUINTO ANDAR

Na Galeria 1, no 5º andar, estão muitas obras pós-impressionistas que talvez já tenhamos visto em reproduções ou livros de história da arte. Entre elas, *Natureza-morta com maçãs* (1895-1898) e *O banhista* (c. 1885), de Paul Cézanne, e a tempestuosa *Noite estrelada* (1889) e *Oliveiras* (1889), de Van Gogh.

A gama de estilos que se encontra entre artistas que convencionalmente são categorizados como pós-impressionistas é surpreendente. Os estudos analíticos, quase científicos, de George Seurat, sobre os efeitos ópticos estão condensados na paisagem marítima *Port-en-Bessin, Entrada do porto* (1888).

Paul Gauguin rejeitou os valores estéticos do Ocidente em favor dos valores de outras culturas, como a cultura africana, a polinésia e a japonesa; suas influências são claras em obras como *A Lua e a Terra* (1893) e *A Semente de Areoi* (1892). A peculiar mistura de fantasia e ingenuidade de Henri Rousseau está refletida em *A Cigana Adormecida* (1897) e *O Sonho* (1910).

Pablo Picasso

As galerias seguintes conduzem o visitante através da transição do modernismo. O iconoclasmo desses avanços artísticos espelhava, em grande medida, as grandes convulsões políticas das primeiras décadas do século XX.

Artisticamente, Pablo Picasso era seu principal protagonista. Compare *Rapaz conduzindo um cavalo* (1906) com *As senhoritas de Avignon* (1907), que anunciava a chegada do cubismo. Esse retrato das prostitutas de um bordel de Barcelona é fragmentado e reagrupado numa forma abstrata, quase que como se tivesse sido pintado de vários pontos de vista.

Acima, da esquerda para a direita: *O espelho falso*, 1928, de René Magritte; a recente reforma do MoMA iluminou o mundo da arte; *Banhistas na floresta*, 1908, de Pablo Picasso; a ala mais nova foi projetada pelo arquiteto japonês, Yoshio Taniguchi.

Abaixo: *Noite estrelada,* 1889, de Van Gogh.

Acima: admirando os mais de 100 mil objetos do acervo do museu.

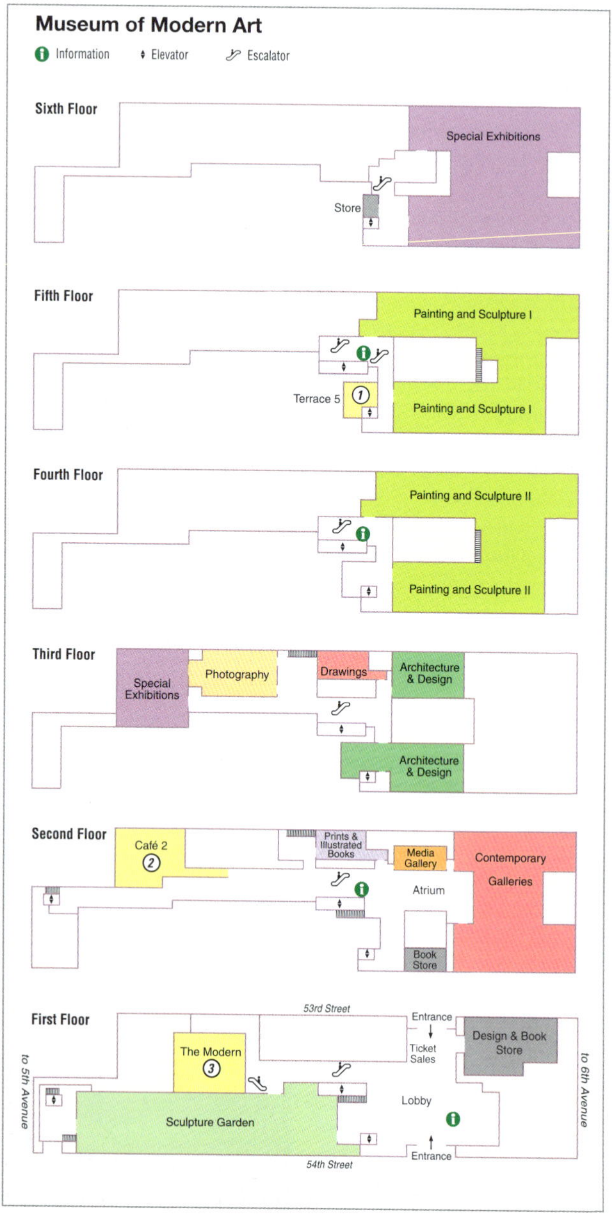

Toneladas de aço
Quando os projetos de reconstrução do MoMA foram elaborados, as dimensões da galeria do segundo andar, que abriga exposições contemporâneas, receberam atenção especial. Os arquitetos do museu tinham em mente, especificamente, o artista Richard Serra e suas colossais esculturas de aço, algumas das quais chegam a ter o tamanho de pequenas casas. Uma grande retrospectiva da obra de Serra foi exibida em 2007. Os destaques incluem três peças novas, pesando um total de 570 toneladas, que levaram três semanas para serem instaladas.

Museum of Modern Art

ⓘ Information ♦ Elevator ⤴ Escalator

Sixth Floor
- Special Exhibitions
- Store

Fifth Floor
- Painting and Sculpture I
- Terrace 5 ①
- Painting and Sculpture I

Fourth Floor
- Painting and Sculpture II
- Painting and Sculpture II

Third Floor
- Special Exhibitions
- Photography
- Drawings
- Architecture & Design
- Architecture & Design

Second Floor
- Café 2 ②
- Prints & Illustrated Books
- Media Gallery
- Contemporary Galleries
- Atrium
- Book Store

First Floor
- 53rd Street
- Entrance
- Ticket Sales
- Design & Book Store
- The Modern ③
- Lobby
- Sculpture Garden
- Entrance
- 54th Street
- to 5th Avenue
- to 6th Avenue

Henri Matisse
O grande rival de Picasso, Matisse, também está bem representado no MoMA. O desenho primitivista de seu lírico *Dança* (versão de 1909) ecoa a redução de Cézanne das imagens a simples elementos essenciais abstratos. No irreal *O estúdio vermelho* (1911), de Matisse, o artista experimenta cor e espaço, retratando seu estúdio em Paris como um retângulo vermelho plano com muitas de suas próprias obras penduradas nas paredes.

Claude Monet
A Galeria 9 é dedicada ao luminoso *Ninféias*, de Monet, que o mestre impressionista pintou no final da vida em seu jardim cintilante em Giverny, na França, onde morreu em 1926. Essa obra demonstra o progresso do artista na direção da abstração: forma e espaço se dissolvem num universo ilimitado de padrões e cores.

Além do realismo
Outras galerias do 5º andar mostram os caminhos de outros grandes nomes da arte do início do século XX, que estão distantes da representação figurativa convencional. Lá, estão as explorações cubistas de Georges Braque e Fernand Léger (cuja versão pessoal do cubismo foi chamada de "tubismo" por seus críticos, em virtude da ênfase em formas cilíndricas).

É também onde estão as obras do holandês Piet Mondrian, que abandonou algumas referências em *Píer e oceano 5* (1914). Em sua última fase, *Broadway Boogie Woogie* (1942-1943), Mondrian homenageou o ritmo do jazz e da cidade.

Na Galeria 12, os surrealistas conseguem escapar da mera representação física, recorrendo ao mundo psíquico dos sonhos e do subconsciente. Exemplos famosos de obras de artistas surrealistas e outros que trabalharam tendências semelhantes incluem *O nascimento do mundo* (1925), de Joan Miró; *A persistência da memória* (1931), de Salvador Dalí, com seus relógios derretidos; e *O espelho falso* (1928) e *Os amantes* (1928), de René Magritte.

Edward Hopper e Andrew Wyeth
Nem todos os artistas abandonaram o realismo. O misterioso *Casa ao lado da ferrovia* (1930), de Edward Hopper, que resume a percepção de isolamento do artista, foi a primeira tela adquirida pelo museu. O realismo foi seguido de modo semelhante pelo excêntrico Andrew Wyeth; seu *O mundo de Cristina* (1948) é uma das obras mais populares do MoMA.

QUARTO ANDAR

A trilha recomeça na Galeria 15 do 4º andar, onde obras como as pinturas de Adolph Gottlieb, Arshile Gorky e Lee Krasner (que foi casada com o também artista Jackson Pollock) incorporam tipos diferentes de abstração. Uma galeria adjacente é dominada por *Painting* (1946), de Francis Bacon, com suas carcaças esfoladas e com o seu homem ameaçador vestido de preto, e por *Ossuário* (1944-1945), de Picasso, uma mistura de óleo e carvão que sugere, em branco e preto, os primeiros relatos jornalísticos assustadores sobre os campos de concentração nazistas.

A conexão Rockefeller
Desde o começo, o MoMA tem ligações bem estreitas com a família Rockefeller. O museu foi fundado em 1928 por Abby Aldrich Rockefeller (foto) e duas de suas amigas, Lillie P. Bliss e a senhora Cornelius J. Sullivan, que ficaram conhecidas como "as damas". O museu foi inaugurado em 7 de novembro de 1929, nove dias depois do *crash* em Wall Street. O marido de Abby, John D. Rockefeller Jr., odiava arte moderna e o museu da esposa, e se recusou a financiar o empreendimento. No entanto, acabou doando o terreno onde está o prédio atual e, com o tempo, fez outras doações, tornando-se seu maior benfeitor. Os Rockefeller ainda fazem parte da diretoria do MoMA.

Música moderna

O museu apresenta a série de concertos "Summergarden" no jardim das esculturas nas noites de domingo durante o verão. Os músicos são afiliados ao Jazz at Lincoln Center e à Julliard School. Entrada gratuita.

Abaixo: um helicóptero-bolha Bell-47D1 suspenso num átrio do museu.

Expressionismo abstrato

As galerias seguintes são dedicadas a membros da chamada "Escola de Nova York". Eles começam a aparecer na Galeria 17, com obras de Jackson Pollock, cujas "pinturas gestuais" foram criadas pingando tinta em grandes telas estendidas no chão. Igualmente interessante é *Mulher, 1* (1950-1952), de Willem de Kooning, parte de uma série de figuras fazendo caretas, com olhos enormes e dentes arreganhados, que emergem de cores berrantes.

Enquanto esses artistas estavam desenvolvendo uma linguagem visual de movimento e verve, os pintores dos "campos de cor" tentavam eliminar os sinais da ação das mãos do pintor, preferindo trabalhar com espaços amplos e uniformes de cores profundas. Telas como *Slate blue and brown on plum* (1958), de Mark Rothko, ou *Vir heroicus sublimis* (1950-1951), de Barnett Newman, envolvem o espectador e o induzem a estados mentais transcendentes.

Robert Rauschenberg e Jasper Johns

Mais adiante, estão as obras de artistas que se desviaram das profundezas escuras da psique humana para um mundo cheio até a borda de detritos da cultura de consumo. A marca de Robert Rauschenberg era a confecção de "combinações" – reunião de objetos cobertos de tinta –, como em sua fantástica *Cama* (1955), um acolchoado manchado de pigmento.

Em alguns aspectos semelhantes, embora estilisticamente mais moderado e controlado, Jasper Johns escolheu "recontextualizar" ícones em vez de objetos, incluindo entre eles, em 1954-1955, um dos mais poderosos símbolos de todos: a bandeira americana, tema predileto e recorrente desse artista.

Arte pop

A *Golden Marilyn* (1962), de Andy Warhol, leva os visitantes para uma grande galeria (23) dedicada aos artistas *pop* dos anos 1960 e 1970. O tema da arte *pop* era a cultura de consumo e a comunicação de massa. As pinturas em quadrinhos de Roy Lichtenstein, representadas aqui por *Jovem com bola* (1961), foram desenvolvidas com pontos de bendê simulados e carregados de contornos pretos. O *Ventilador gigante mole* (1966-1967), de Claes Oldenburg, transforma esse objeto banal numa paródia pendente e enorme.

As obras mais chamativas aqui são, sem dúvida, as de Warhol. Suas *Latas de sopas Campbell* (1962) e as numerosas imagens de celebridades, como Elvis Presley e Marilyn Monroe, transformam-nas em mercadoria. Trabalhando frequentemente com impressões serigráficas, que produzia em série,

Warhol buscava não apenas transformar em arte objetos produzidos em massa, como também produzir em massa a própria arte e, assim, distanciar seu papel de artista do produto.

Comida e ar fresco
Ao fim do giro pelo 4º andar, você certamente vai precisar de um descanso. Considere a possibilidade de ir a um dos dois cafés do museu, ver 🍴① e 🍴②, ou ao mais formal, **The Modern**, ver 🍴③, e depois talvez passear pelo jardim de esculturas que fica ao lado do saguão principal. O jardim foi projetado pelo arquiteto Philip Johnson em 1953 e expandido durante a reconstrução de 2004.

TERCEIRO ANDAR

A seção de *design* do 3º andar é dedicada ao *design* funcional; a maioria dos objetos foi fabricada em escala significativa numa época ou outra. Há mobília de *designers* famosos, como Charles Eames, Ludwig Mies van der Rohe, Le Corbusier e Frank Lloyd Wright, e objetos "cotidianos", como aspiradores de pó, chaleiras, computadores, um Jaguar esporte de 1963 e um helicóptero Bell & Howell.

O 3º andar também tem seções de fotografia, arquitetura e desenho, que frequentemente enfocam a variedade das técnicas e dos meios empregados pelos artistas expostos ali. A seção de fotografia é especialmente forte, já que o MoMA começou a colecionar exemplares na década de 1930, bem antes de a maioria dos outros grandes museus reconhecer a importância e o valor dessa mídia.

SEGUNDO ANDAR

Este andar abriga as galerias contemporâneas, com a exposição dos últimos avanços em pintura, escultura e instalação. Aqui também ficam as seções dedicadas a livros ilustrados e gravuras. O museu tem mais de 140 mil excelentes exemplos representativos de processos que incluem xilogravura, água-forte, litogravura, serigrafia e impressão digital.

TEATROS

Se seus pés estiverem cansados, talvez seja bom descansá-los num dos três teatros do MoMA. Filmes de um acervo de 14 mil obras (incluindo as de D. W. Griffith, Sergei Eisenstein, Frank Capra, Luis Buñuel, John Ford e Alfred Hitchcock) são exibidos na maioria dos dias; pergunte sobre os horários no saguão principal.

Acima, da esquerda para a direita: o jardim das esculturas; *Bandeira*, 1954, de Jasper Johns; a loja do MoMA; quando achar que já está farto de galerias, vá se fartar num dos cafés do museu (*ver abaixo*).

A loja do MoMA
Alguns dos objetos mais triviais do cotidiano exibidos na seção de *design* do 3º andar ainda são fabricados e podem ser comprados na excelente e extravagante loja que fica do lado oposto (sul) da West 53rd Street.

Onde comer 🍴

① TERRACE 5
MoMA, quinto andar, 4ª-dom. das 11 às 17 horas; 6ª até as 19h30; $
Este café cheio de estilo, com vista para o jardim das esculturas, é uma boa opção para sorvetes, tortas, chocolates e uma variedade de pratos leves e saborosos.

② CAFÉ 2
MoMA, segundo andar, 4ª-dom. das 11 às 17 horas; 6ª até as 19h30; $
Quem estiver com mais apetite talvez prefira esta interpretação moderna da cafeteria do museu, onde os visitantes se sentam em longas mesas de madeira escura para degustar *panini*, antepastos e massa caseira.

③ THE MODERN
MoMA, primeiro andar; tel.: 212-333-1220; 2ª-6ª, almoço e jantar; sáb., só jantar; o bar abre 2ª-sáb. das 11h30 às 22h30; dom. até as 21h30; $$$$
O salão com vista para o jardim das esculturas serve cozinha internacional contemporânea leve. No bar, pode-se tomar drinques e degustar pequenos pratos da cozinha alsaciana num ambiente descontraído.

ONU E MIDTOWN EAST

Um passeio pela ONU, seguido de uma visita a vários marcos de Midtown, incluindo a estação Grand Central, o edifício Chrysler, o hotel Waldorf-Astoria e o Citigroup Center.

DISTÂNCIA 3 km
DURAÇÃO De meio dia a um dia inteiro
INÍCIO Edifício da ONU
FIM Edifício da Sony
OBSERVAÇÕES
A estação mais próxima da ONU é a Grand Central/42nd Street, quatro quarteirões a oeste. Para almoçar no restaurante dos delegados da ONU (apenas em dias de semana), reserve com pelo menos um dia de antecedência e traga identidade com foto.

Este passeio cobre a parte central de Manhattan, a leste da 5ª Avenida, concentrando-se na 42nd Street e nas avenidas Madison e Park, onde estão alguns dos marcos arquitetônicos mais bonitos de Nova York.

A SEDE DA ONU

Comece pela sede da **Organização das Nações Unidas** (ONU) ❶ (First Avenue entre 42nd Street e 48th Street; tel.: 212-963-8687; <www.un.org>; visitas guiadas o ano todo partem do saguão principal a cada 30 minutos; 2ª-6ª, 9h30-16h45; mar.-dez., sáb.-dom., 10h-16h30; pago), que está situada numa área de 7 ha comprada pelo magnata John D. Rockefeller Jr. e doada em 1946. Tecnicamente, é território internacional, com seu próprio corpo de bombeiros, sua própria força policial e seu próprio serviço postal.

Arquitetura

Projetado por uma comissão de arquitetos liderados por Wallace K. Harrison e inspirado em Le Corbusier, o complexo é dominado pelo elegante edifício envidraçado do Secretariado. (Que, por sua vez, fica diminuto perto da **Trump World Tower**, de 72 andares, de propriedade de Donald Trump.)

Visitas guiadas

A única maneira de conhecer o edifício é fazendo uma visita guiada, que deve ser marcada com antecedência para grupos de 12 pessoas ou mais. As visitas começam na entrada de visitantes, localizada na First Avenue com a 46th Street, e duram cerca de 45 minutos. Em geral, incluem ida às salas do Conselho de Segurança, do Conselho de Administração Fiduciária e da Assembleia Geral. Ocasionalmente, é permitido que os visitantes também assistam aos trabalhos da Assembleia Geral ou de outros comitês. (Para isso, solicite ingressos gratuitos no balcão de informações.)

Obras de arte e artefatos doados pelos países membros estão expostos em todo o complexo. Entre eles, há murais de Fernand Léger, um vitral de Marc Chagall e objetos antigos indianos e egípcios.

O restaurante

Complete a visita com um almoço no **Delegates' Dining Room**, ver ①, onde se pode conviver com diplomatas, apreciar a vista do rio East e servir-se à vontade no bufê.

EAST 42ND STREET

Saindo da ONU, ande até a esquina da 42nd Street, onde uma escada íngreme enfeitada com faixas leva à **Tudor City** ❷, na First Avenue. Este conjunto de apartamentos clássico data dos anos 1920, quando os terrenos ao longo do rio East eram ocupados por favelas e matadouros; por isso, as janelas são voltadas para o oeste, na direção do rio Hudson.

Edifício da Fundação Ford

Neste ponto, pode-se tanto subir as escadas como dar a volta no quarteirão. Ambos os trajetos levam ao edifício da **Fundação Ford** ❸, próximo da esquina da 42nd Street com a Second Avenue. Atrás das paredes cinza, fica um átrio de 12 andares com vegetação densa; construída em 1967, a Fundação Ford foi um dos primeiros edifícios dos Estados Unidos a utilizar o espaço urbano desse modo inovador.

Super-Homem

Ande para o oeste na 42nd Street até chegar ao edifício do **News** ❹ (220 East 42nd Street), um arranha-céu *art déco* construído em 1930 e, até meados da década de 1990, sede do *Daily News*, durante anos o jornal diário de maior circulação no país. Quando observadores do cinema procuraram um lugar para fazer as vezes de redação do *Daily Planet*, o jornal fictício para o qual Clark Kent e Lois Lane escreviam nos filmes do *Super-Homem*, foi este o edifício que acabaram escolhendo. Os destaques do projeto são o relevo de granito entalhado e o enorme globo giratório.

Onde comer

① DELEGATES' DINING ROOM
Sede da ONU (First Avenue e 46th Street); tel.: 212-963-7625; 2ª -6ª, almoço; $$
Almoce com diplomatas no restaurante da ONU, que tem um bufê de cozinha étnica e vistas maravilhosas do rio East. Faça reserva com pelo menos um dia de antecedência. Os homens devem usar paletó; *jeans, shorts* e tênis são proibidos. Todos os visitantes também têm de portar identidade com foto.

Acima, da esquerda para a direita: o Grand Concourse na estação Grand Central; o globo no saguão do edifício do News.

Abaixo: o prédio do Secretariado da ONU eleva-se acima do prédio da Assembleia Geral; na ONU, as bandeiras ao longo da First Avenue são as dos países membros e ficam em ordem alfabética, de Afeganistão a Zimbábue; *Não-violência*, escultura de Fredrik Reuterswärd, doada pelo governo de Luxemburgo.

ORGANIZAÇÃO DAS NAÇÕES UNIDAS

Acima, da esquerda para a direita: o relógio de quatro mostradores da estação; jantar no Oyster Bar; *Some/One*, de Do-Ho Suh, exposta no Whitney Museum da Altria, é uma obra composta de mais de 100 mil placas de identificação de soldados; detalhe da fachada belas-artes da estação Grand Central.

EDIFÍCIO CHRYSLER

Ande mais ou menos um quarteirão para o oeste na 42nd Street até o edifício **Chrysler** ❺ (405 Lexington Avenue). Encomendado pelo czar dos automóveis, Walter Chrysler, este arranha-céu é considerado por muitos o mais bonito de Nova York – quiçá do mundo – e símbolo permanente da glamorosa era *art déco*. As gárgulas do prédio têm motivos automobilísticos, inspirados em tampas de radiador. Foi o edifício mais alto do mundo por alguns meses em 1930 (*ver abaixo*). No interior, o saguão de mármore, o mural do teto – de Edward Trumbull – e as portas de elevador suntuosamente decoradas se harmonizam em estilo com o exterior *art déco*.

ESTAÇÃO GRAND CENTRAL

Continue na 42nd Street, passe pelo Grand Hyatt Hotel e vá até o prédio de estilo belas-artes do **Grand Central Terminal** ❻, projetado pelos escritórios de arquitetura Reed & Stern e Warren & Wetmore e inaugurado em 1913, após dez anos de obras.

Corrida rumo ao topo

Em 1929, quando o magnata dos automóveis Walter Chrysler ouviu dizer que o Banco de Manhattan na Wall Street ficaria mais alto que o seu arranha-céu inacabado, tomou a decisão de concretizar sua ambição de construir o edifício mais alto do mundo e mandou o arquiteto William van Alen aumentar a flecha da torre do edifício Chrysler. O rival de Van Alen, seu ex-sócio Craig Severance, ao saber das instruções recebidas por Van Alen, aumentou ainda mais a altura de sua torre em forma de pirâmide e, em novembro de 1929, organizou às pressas uma inauguração, declarando que o edifício da Wall Street, com 282 m, quebrara um recorde mundial.

O que Severance não sabia era que Van Alen estava construindo uma flecha de 60 m no interior do edifício da Chrysler. Logo depois do anúncio de Severance, os trabalhadores içaram a flecha para seu lugar no topo, elevando a altura do prédio para 319 m e pondo fim ao momento de glória do Banco de Manhattan.

A vitória é doce, mas dura pouco. Apenas alguns meses depois, em abril de 1930, o Empire State foi inaugurado, com o inesperado acréscimo de um mastro para amarrar dirigíveis, ultrapassando o edifício Chrysler em mais de 60 m. Quando as torres gêmeas do World Trade Center foram destruídas em 11 de setembro de 2001, o Empire State voltou a ser a estrutura mais alta da cidade.

O saguão principal

Entre na estação e siga as indicações para o saguão principal (*Main Concourse*), uma imensa câmara abobadada, com enormes janelas em arco. Observe o céu turquesa, pintado com 2.500 estrelas pelo artista francês Paul Helleu; estranhamente, o céu foi pintado de trás para frente. No centro do saguão, fica o ponto de encontro: uma cabine de informações coroada pelo vistoso relógio com quatro mostradores de opala.

Na extremidade leste do saguão principal está o **Grand Central Market**, que abriga muitas padarias finas, queijarias e outros fornecedores de iguarias.

Piso inferior e balcão

Se estiver com fome, há muitas opções. No piso inferior, também abobadado, vá até o **Oyster Bar**, ver 🍴②, uma das experiências gastronômicas clássicas de Nova York. Os carnívoros devem ir até o balcão, onde fica o **Michael Jordan's Steakhouse**, ver 🍴③; para coquetéis num ambiente de estilo italiano, experimente o **Campbell Apartment**, ver 🍴④. Para uma xícara de café rápida, faça fila no **Oren's Daily Roast**, ver 🍴⑤.

MUSEU WHITNEY DA ALTRIA

A estação é um bom lugar para terminar o passeio se a energia estiver acabando, mas, se quiser explorar um pouco mais a Midtown East, retome a trilha e vá direto para o outro lado da 42nd Street, onde fica o **Whitney Museum of American Art at Altria** ❼ (120 Park Avenue com 42nd Street; tel.: 917-663-2453; <www.whitney.org.>; 2ª-4ª e 6ª, 11h-18h; 5ª, 11h-19h30; o pátio de esculturas fica aberto mais tempo e também nos fins de semana; grátis), uma galeria-satélite do Whitney Museum (*ver p. 54*). Os curadores aproveitam o grandioso átrio envidraçado de muitos andares para exibir instalações de grandes dimensões. Portas de vidro levam a galerias menores, que apresentam quatro exposições por ano, a maioria dedicada a artistas em ascensão ou no meio da carreira.

Visitas à estação

A Municipal Art Society (tel.: 212-935-3969; <www.mas.org>) oferece visitas guiadas (4ª, 12h30) pela estação Grand Central. O ponto de encontro é a cabine de informações do saguão principal.

Onde comer

② GRAND CENTRAL OYSTER BAR & RESTAURANT
Grand Central Terminal (42nd Street com Park Avenue); tel.: 212-490-6650; 2ª sáb., almoço e jantar; $$
Os mariscos reinam neste clássico restaurante de Gotham, que fica no espaçoso piso inferior da estação Grand Central. Ostras e outros bivalves são servidos na concha, ensopados, fritos e em sanduíches.

③ MICHAEL JORDAN'S THE STEAKHOUSE NYC
Grand Central Terminal (42nd Street com Park Avenue); tel.: 212-655-2300; diariamente, almoço e jantar; $$$
A churrascaria do astro do basquete oferece filés de carne maturada num balcão com vista para o magnífico saguão da estação.

④ CAMPBELL APARTMENT
Grand Central Terminal (42nd Street com Park Avenue); tel.: 212-953-0409; 2ª-sáb., almoço e jantar; $$
John W. Campbell, o magnata dos negócios da era do jazz, projetou este escritório na estação, em estilo florentino do século XIII, e o usou para trabalhar durante o dia e se socializar à noite. Restaurado, é hoje um bar elegante.

⑤ OREN'S DAILY ROAST
Grand Central Terminal (42nd Street com Park Avenue); tel.: 212-338-0014; 2ª-sáb., café da manhã, almoço e jantar; dom., almoço e jantar; $
As filas do lado de fora indicam uma coisa: excelente café encorpado, torrado todos os dias, e habilmente preparado. Serve também doces, *bagels* e sorvetes.

Four Seasons
O interior desse restaurante no edifício da Seagram na 52nd Street (não confundir com a cadeia de hotéis de mesmo nome) foi declarado marco histórico. Obras-primas decoram as paredes dos cinco salões, incluindo trabalhos de Picasso, Miró, Pollock e Lichtenstein.

Abaixo: o elegante Citigroup Center.

AV. MADISON

Quando terminar a visita à galeria de arte, vire à esquerda na 42nd Street e depois à direita na **Av. Madison**; nesse local, ela é uma Nova York arquetípica, repleta de reluzentes torres de vidro e ruas congestionadas de táxis.

Villard Houses
Na Madison com a 50th Street, atrás da catedral de São Patrício (*ver p. 28*), ficam as **Villard Houses** ❽, construídas em 1884 pelos arquitetos McKim, Mead e White, no estilo de um palácio do Renascimento italiano. Originalmente, as mansões foram construídas para Henry Villard, jornalista e magnata de estradas de ferro, que faliu antes da construção ser concluída. Mais tarde, foram ocupadas pela arquidiocese de Nova York.

No final da década de 1970, duas das mansões Villard foram incorporadas ao **New York Palace Hotel**, onde hoje se pode saborear um chá da tarde sob o lindo teto abobadado criado por McKim, Mead e White.

PARK AVENUE

Cerca de um quarteirão e meio para leste, na **Park Avenue**, entre as ruas 49th e 50th, fica outra atração nova-iorquina, o **Waldorf-Astoria Hotel** ❾ (301 Park Avenue; *ver p. 113*), de estilo *art déco*. Se estiver pronto para uma pausa, sente-se num dos banquinhos do comprido balcão de mogno do clássico Bull and Bear para experimentar um dos melhores martinis da cidade.

Ao sair do Waldorf, olhe para o sul da Park Avenue e veja a ornamentação rebuscada do edifício **Helmsley**, que pode ser reconhecida facilmente pela flecha dourada e verde. Atrás dele, fica o edifício **MetLife**, parcialmente projetado por Walter Gropius, fundador da Bauhaus. Sem detalhes e com pesadas linhas brutalistas, esse monstrengo de 1963 carrega a honra funesta de ser um dos edifícios mais desprezados da cidade.

Onde comer

⑥ **LIPSTICK CAFÉ**
885 Third Avenue
(perto da East 53rd Street);
tel.: 212-486-8664; 2ª-6ª,
café da manhã e almoço; $$
O *chef* Jean-Georges Vongerichten prepara café da manhã e almoço neste restaurante cheio de estilo no Lipstick, um edifício oval de granito e aço inoxidável projetado por Philip Johnson.

Um quarteirão ao norte do Waldorf, entre as ruas 50th e 51st, fica a **igreja episcopal de São Bartolomeu** ❿, uma estrutura cupular de estilo bizantino construída em 1919. Esse prédio baixo provoca uma sensação agradável de equilíbrio com relação aos arranha-céus que se elevam no entorno.

Continue na Park Avenue, um quarteirão para o norte, em direção ao edifício da **Seagram** ⓫, projetado em 1958 por Mies van der Rohe e Philip Johnson, um exemplo precoce de construção com fachada-cortina (na qual a fachada de um edifício não suporta nenhum outro peso além do seu próprio). Almoços de negócios acontecem aqui, no **Four Seasons** (*ver à esquerda e p. 118*), um dos melhores restaurantes da cidade.

Citigroup Center
Vire à direita na 53rd Street e ande mais um quarteirão até o **Citigroup Center** ⓬, na 601 Lexington Avenue. Concluído em 1979, o telhado anguloso do edifício, originalmente projetado para suportar painéis solares, é hoje uma característica marcante da silhueta de Manhattan. A estrutura de 59 andares, toda coberta de alumínio, apóia-se sobre pilares, deixando espaço embaixo para a igualmente moderna **igreja luterana de São Pedro**, famosa pelos cultos vespertinos com jazz às 17 horas dos domingos. O átrio do Citigroup, denominado Market, abriga várias lojas e restaurantes.

Sony Wonder Technology Lab
Quando sair do Citigroup Center, pare para ver a estrutura oval do edifício **Lipstick** ⓭ (885 Third Avenue com 54th Street). O saguão é aberto ao público. Se estiver com fome, o **Lipstick Café**, ver ⑪⑥, é um bom lugar para uma refeição rápida.

Ande até a 55th Street, vire à esquerda e retorne para a Av. Madison. No n. 550, fica o edifício da **Sony** ⓮ (antigamente, da AT&T), projetado por Philip Johnson. A construção eleva-se por 37 andares até um topo, por assim dizer, *chippendale*, isto é, na forma de um frontão triangular interrompido no estilo do mobiliário inglês.

Se estiver com crianças, considere a possibilidade de terminar o passeio no **Sony Wonder Technology Lab** (56th Street com a Av. Madison; tel.: 212-833-8100; http://wondertechlab.sony.com; 3ª-sáb., 10h-17h; dom., 12h-17h; grátis), com quatro andares de exposições interativas que demonstram os mais recentes avanços do entretenimento digital.

Acima, da esquerda para a direita: a Park Avenue na primavera; sala de estar da suíte real do hotel Waldorf-Astoria.

Abaixo: Sony Wonder Technology Lab.

CENTRAL PARK

O coração – para alguns, o pulmão – de Manhattan é uma área de recreação construída pela mão humana que se estende por 51 quarteirões, da 59th Street à 110th Street. O parque cobre 6% de Manhattan e tem 150 km de caminhos para pedestres, mas não se intimide: o trajeto que sugerimos a seguir é fácil e adequado para crianças.

Acima, da esquerda para a direita: Central Park e Upper West Side; Wollman Ice Rink; o papagaio-do-mar-de-penachos, morador do zoológico; passeio de barco.

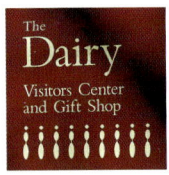

The Dairy Visitors Center and Gift Shop

Observação de pássaros
Mais de 250 espécies foram identificadas no Central Park, o que faz dele uma de suas áreas preferidas. Olhe no Livro de Registro de Pássaros na Loeb Boathouse, verifique os mais recentes e pergunte na leiteria sobre as próximas caminhadas.

DISTÂNCIA 3,5 km
DURAÇÃO Meio dia
INÍCIO Grand Army Plaza
FIM Central Park West ou MET
OBSERVAÇÕES
Este passeio inclui atrações do parque localizadas próximas ao MET e pode ser feito junto com uma visita a esse museu (itinerário 6). Atenção: não é aconselhável andar à noite pelo parque, principalmente na área denominada The Ramble.

O **Central Park** (tel.: 212-879-0244; <www.centralparknyc.org>; diariamente, 6h-1h; grátis) foi projetado pelos paisagistas Frederick Law Olmsted e Calvert Vaux durante mais de 20 anos, a partir de 1858. Foi um feito incrível criar lindos jardins públicos numa área pedregosa de vegetação rala, revolucionando o paisagismo. Quase tudo aqui foi feito pelo homem, do gramado aos lagos e ao bosque do norte.

Onde comer
① BOATHOUSE
Park Drive North; tel.: 212-517-2233; abr.-nov., diariamente, almoço e jantar; sáb.-dom., brunch; $$$$
Um maravilhoso lugar na beira do lago, tanto no arejado salão de paredes de vidro como no terraço à beira d'água. Peça ouriço-do-mar e caviar numa concha de vieira ou peixe-pescador e robalo fritos.

EM TORNO DA LEITERIA

Entre no parque pela **Grand Army Plaza ❶**, na 5ª Avenida com a East 59th Street, defronte com a estátua do general da Guerra Civil William Tecumseh Sherman, do artista Augustus Saint-Gaudens. Uma trilha para o oeste conduz a um lago, contorne-o.

Do lago, ande para o norte, até o **Wollman Memorial Rink ❷**, usado de outubro a abril para patinação no gelo (2ª-3ª, 10h-14h30; 4ª-5ª, 10h-22h; 6ª-sáb., 10h-23h; dom., 10h-21h; pago) e o resto do ano como parque de diversões. Logo ao norte, fica a leiteria, **Dairy ❸**, construída em 1870 para oferecer leite e brinquedos às crianças da cidade. Restaurada em 1979, é hoje um **centro de informações turísticas**.

Se estiver com crianças, pegue a Transverse Road n. 1 para o oeste, na direção do antigo **Carrossel ❹**, volte para a leiteria e siga a trilha para o leste até o **Central Park Zoo ❺** (tel.: 212-439-6500; abr.-out.: 2ª-6ª, 10h-17h; sáb.-dom., 10-17h30; nov.-mar.: diariamente, 10h-16h30; pago), lar de ursos polares, leões marinhos, pinguins, lontras e mais de uma centena de outras espécies da fauna, e o vizinho **Tisch Children's Zoo ❻**.

Retorne para a leiteria, siga para o norte, atravessando a Transverse Road e o Park Drive, até **The Mall**.

EM TORNO DO LAGO

The Mall leva até **Bethesda Terrace** ❼, uma esplanada de dois níveis com vista para o **Lago** ❽. A fonte do nível inferior é *Anjo das águas*, da escultora Emma Stebbins, embora seja conhecida popularmente entre os nova-iorquinos como **Bethesda Fountain**. No lado nordeste do lago, fica a **Loeb Boathouse** ❾, onde se podem alugar bicicletas e barcos a remo ou, quando o orçamento permite, fazer uma refeição chique no principal restaurante do parque, ver ⑪①.

Da casa de barcos, ande para o leste, na direção do **Conservatory Water 10**, onde os amantes do modelismo naval comandam iates por controle remoto. Observe as estátuas: *Alice no País das Maravilhas*, ao norte do lago, e *Hans Christian Andersen*, a oeste.

THE RAMBLE E O NORTE

Dependendo do quanto você ainda quiser andar, pode sair do parque pela 5ª Avenida com a 72nd Street ou retornar para a casa de barcos e, em seguida, explorar as trilhas que percorrem o arborizado **Ramble** ⓫, na direção do **Belvedere Castle** ⓬, que fica do outro lado de Transverse Road n. 2. Empoleirada no topo de uma rocha na margem do **Turtle Pond**, essa estrutura de 1865 hoje funciona como estação meteorológica e centro da natureza; muito usada para observação de pássaros.

Do outro lado do Turtle Pond, fica o **Delacorte Theatre** ⓭, onde acontece o festival "Shakespeare no Parque", organizado pelo Public Theatre no verão (tel.: 212-260-2400; <www.publictheater.org>). O **Shakespeare Garden** ⓮, a oeste, exibe as plantas mencionadas nas peças do bardo.

Para sair do parque, ande para o sul ao longo da West Drive, parando na altura da 72nd Street, em **Strawberry Fields** ⓯, uma pequena área dedicada a John Lennon, que foi assassinado em 1980 na calçada do edifício **The Dakota**, do outro lado da Central Park West.

Uma alternativa é andar do Shakespeare Garden para o leste até o **Metropolitan Museum of Art** ⓰ (ver p. 46).

Hora do piquenique

Se quiser fazer um piquenique depois desse passeio, siga de Strawberry Fields para o norte até o Zabar's (80th Street com Broadway), uma instituição gastronômica da cidade, fundada em 1934, que fica aberta 365 dias por ano. Escolha o que comer em quase 2 mil m² de delícias e volte para o parque, para um piquenique no Great Lawn, no melhor estilo nova-iorquino.

Abaixo: John Lennon, 1974; o edifício Dakota; o memorial Strawberry Fields.

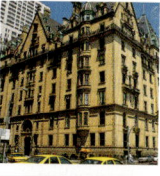

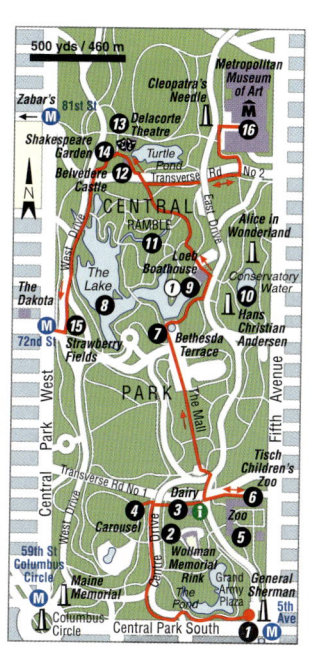

METROPOLITAN MUSEUM OF ART (MET)

A grande dama dos museus de Nova York exibe mais de 3,5 milhões de obras de arte de todos os continentes e épocas. O tamanho intimida, então, deixe que este guia o leve até os pontos de especial interesse.

DISTÂNCIA O passeio todo é feito dentro do museu
DURAÇÃO Meio dia
INÍCIO/FIM The MET
OBSERVAÇÕES
O MET fecha na segunda-feira e abre até mais tarde na sexta e no sábado. Palestras nas galerias e visitas guiadas gratuitas são oferecidas diariamente. Visite <www.metmuseum.org> ou vá até o balcão de informações no Great Hall para pegar o programa do dia. Lá também se pode alugar um guia gravado.

Este passeio leva a algumas das coleções mais conhecidas do MET (5ª Avenida, 1.000, com 82nd Street; tel.: 212-535-7710; <www.metmuseum.org>; 3ª-5ª e dom., 9h30-17h30; 6ª-sáb., 9h30-21h; pago). Dependendo da hora em que começar o passeio, tome um *brunch* reforçado ou almoce no **Sant Ambroeus**, ver ①, ou, se o dia estiver ensolarado, faça um piquenique no Central Park (*ver p. 45*), logo atrás do museu, ou ainda, se estiver louco para começar, faça um lanche rápido em **The Cafeteria**, no museu, ver ②.

Histórico
O MET é uma galeria enorme, com um acervo de pinturas, esculturas, desenhos, mobílias e objetos de arte decorativa que abrange 10 mil anos de criatividade humana. Destacando os principais artistas europeus, de Breugel a Botticelli e de Velázquez a Vermeer, expõe obras de praticamente todas as civilizações. Estão expostos objetos de arte que vão de pedras talhadas da cultura acheuliana, encontradas no Egito, datando do Paleolítico Inferior (300.000 a 75.000 a.C.), até a alta-costura do século XXI, de autoria do *designer* de moda Alexander McQueen.

O acervo do MET foi criado em 1870 por um grupo de artistas e

Onde comer

① SANT AMBROEUS
Av. Madison, 1.000 (entre 77th Street e 78th Street); tel.: 212-570-2211; diariamente, café da manhã, almoço e jantar; $$
Os visitantes do museu podem carregar as baterias com um *espresso*, uma *focaccia* ou outra coisa leve, e quem sabe uma sobremesa, neste café milanês.

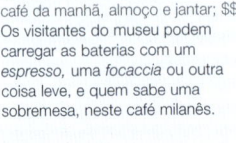

② THE CAFETERIA
Térreo, MET; 6ª-sáb., almoço e jantar; dom., 3ª-5ª, almoço; $
Um restaurante *self-service* onde multidões famintas se reúnem para um lanche rápido ou uma refeição completa de sanduíches, saladas e uma série de pratos quentes.

Loja do MET
A loja do museu vende reproduções, pôsteres, bijuteria, cartões e uma excelente seleção de livros de arte relacionados às exposições do museu.

entusiastas que queriam uma galeria americana que competisse com as europeias. Um dos arquitetos do Central Park, Calvert Vaux, britânico de nascimento, junto com Jacob Wrey Mold, projetou a primeira sede permanente do museu. O edifício atual abriga o acervo desde 1880, com uma fachada remodelada em 1926.

PRIMEIRO ANDAR

Entre no museu e compre os ingressos num local chamado adequadamente de **Great Hall** (grande saguão). O modo mais sensato de visitar o museu é no sentido anti-horário, portanto, comece com a arte egípcia, à direita de quem entra no Great Hall.

Acima, da esquerda para a direita: a entrada principal; as escadas para o segundo andar.

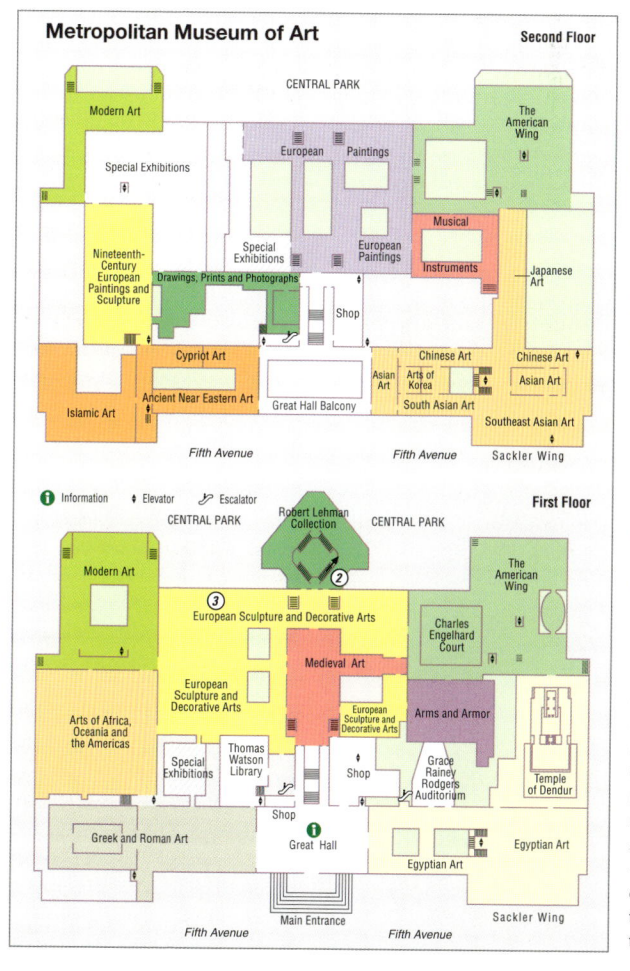

Nu no MET

Esta é apenas uma das cinco caças ao tesouro abertas ao público no museu, organizadas por Watson Adventures, que também forma grupos de caça na estação Grand Central, no American Museum of Natural History, no Central Park e em outros lugares de Nova York. Grupos de seis pessoas (conhecidas ou desconhecidas) percorrem as galerias do museu em busca de exemplos de nudez na arte, nas esculturas e nas salas de época, o objetivo é ser o melhor grupo na decifração das charadas e terminar primeiro. Não é necessário ter experiência anterior em arte ou nudez. Visite <www.watsonadventures.com>, para detalhes de todas as caças ao tesouro.

O MET se moderniza

O MET tradicional não aceitava bem a arte moderna. Uma vez, um curador aprovou relutantemente uma compra, cobrindo os olhos e murmurando "não consigo olhar". Hoje, o museu tem um número considerável de obras modernas, incluindo peças de Picasso, Matisse, O'Keeffe e De Kooning.

Egito antigo

O acervo do MET é excelente neste campo. Estátuas, estatuetas, arte funerária e sarcófagos estão dispostos cronologicamente numa série de salas que levam ao **Templo de Dendur**, um templo núbio de arenito de 15 a.C., dedicado à deusa Ísis, ao deus Osíris e ao médico Hipócrates. Descoberto a cerca de 80 km ao sul de Assuã, o templo teve de ser salvo da inundação quando a represa foi construída. O Egito presenteou os Estados Unidos com o templo em 1965, em reconhecimento pela ajuda que recebeu para salvar outros monumentos importantes durante a construção da represa.

Ala americana

Atrás das salas egípcias, na direção do fundo do prédio, fica a ala americana. A coleção ocupa dois andares e inclui uma série de salas de época mobiliadas que narram a evolução da arte decorativa, desde artesãos anônimos do período colonial até mestres modernos, como Frank Lloyd Wright.

A coleção de pintura tem peso semelhante, com imagens tradicionais como *Washington cruzando o Delaware*, de Emanuel Leutze, e *George Washington*, do retratista Gilbert Stuart, a mesma que figura na nota de um dólar há mais de um século. Também estão expostas obras de Winslow Homer, Edward Hopper, James McNeill Whistler e John Singer Sargent, cuja provocante *Madame X* causou escândalo em 1884.

Se estiver pronto para uma pausa, relaxe no tranquilo **Charles Engelhard Court**, um jardim de esculturas interno, onde fica a fachada do United States Bank, recuperada de Wall Street. No vizinho European Sculpture Court, fica o **Petrie Court Café**, ver ③, um lugar agradável para um café ou um almoço leve.

Arte europeia

Dois andares de galerias são dedicados a escultura, pintura e arte decorativa europeia, com salas de época ricamente mobiliadas. As obras estão penduradas de modo mais ou menos cronológico, começando com Giotto e seu *Epifânia* (c. 1320), seguido por uma série de obras do Renascimento italiano, destacando-se Rafael, Botticelli, Tintoretto, Ticiano e Veronese.

Mais adiante está a arte espanhola, com a obra de Velázquez, Goya e El Greco. Uma seção dedicada à pintura holandesa inclui telas de Rembrandt e Johannes Vermeer, especialmente a *Jovem mulher com bilha d'água* (1660).

Onde comer

③ PETRIE COURT CAFÉ
Primeiro andar, MET; 3ª-dom., café da manhã e almoço; 6ª-sáb., também jantar, chá da tarde das 14h30 às 16h30; $$
As vistas do Central Park dão a este restaurante uma vantagem sobre a cafeteria (ver p. 46), mas é um dos lugares mais caros para se comer no MET. Boa comida de bistrô.

④ ROOF GARDEN CAFÉ
Quinto andar, MET; maio-fim do outono: 6ª-sáb. das 10h às 20h30; dom., 3ª-5ª das 10h às 16h30; $
Embora este terraço ao ar livre, decorado com esculturas, não seja lugar para grandes refeições, a vista do Central Park é imbatível. Peça uma taça de vinho no bar e se encharque da grandeza do cenário.

Um destaque da galeria inglesa é *Um menino com um gato* (1787), de Thomas Gainsborough.

A pintura e a escultura europeias do século XIX estão agrupadas numa sala separada no segundo andar. Entre as muitas obras pós-impressionistas, estão *Os ciprestes*, de Van Gogh, pintado quando o artista estava internado num hospício em 1889, e *La Orana Maria* (*Ave Maria*), visão edênica de Paul Gauguin sobre a vida nos mares do sul.

Arte moderna
O MET define a "arte moderna" como aquela que vem depois de 1900. As exposições que representam diferentes movimentos artísticos ocupam dois andares na parte de trás do museu. Embora, no início, a ideia de modernismo fosse controversa (*ver à esquerda*), o museu reuniu uma coleção impressionante. Os destaques da escultura incluem uma cadeira de Mies van der Rohe (1927); o elegante *Pássaro no espaço*, de Constantin Brancusi (1923); e *Olhos*, de Louise Bourgeois (1982), de inspiração surrealista.

Arte greco-romana
A rota circular se completa nas novas galerias greco-romanas, com apenas um andar, próximas do Great Hall. Inauguradas com grande festa em 2007, essas galerias foram construídas para abrigar a arte que vai de cerca de 900 a.C. até o início do século IV d.C. Muitas das peças não eram vistas juntas desde 1949 e trouxeram para um único lugar as origens da civilização artística ocidental.

SEGUNDO ANDAR

O andar superior do MET tem mais galerias pequenas que o inferior. Logo acima das galerias greco-romanas, fica um grande espaço dedicado à arte islâmica, mais uma área de arte do Chipre e do Oriente Médio.

O espaço acima da coleção do antigo Egito, isto é, à direita do balcão do Great Hall, contém uma série de salas que expõem a Ásia: mostras da Coréia, da China, do sul e sudeste da Ásia. Atrás delas, estão pequenas salas de arte japonesa e a excelente coleção de instrumentos musicais do MET.

Termine este passeio com um merecido drinque no **Roof Garden Café**, ver ⑪④, que tem vistas soberbas para o Central Park.

Acima, da esquerda para a direita: *Washington cruzando o Delaware*, de Emanuel Leutze, 1851; *Pantera e filhotes*, de Edward Kerneys, 1878; a coleção de arte islâmica do MET inclui tapetes anatolianos, otomanos e turcomanos; o balcão do Great Hall.

Abaixo: *Madame X*, de John Singer Sargent.

MUSEUS DO UPPER EAST SIDE

Alguns dos tesouros culturais mais preciosos da América estão em nove galerias de um trecho da 5ª Avenida, entre 82nd Street e 104th Street, denominado "Museum Mile" (a milha dos museus). Ao sul desse trecho, ainda no opulento Upper East Side, ficam mais duas galerias de arte das mais notáveis da cidade: a Whitney e a Frick Collection.

Novo acréscimo
Recém-chegado à auspiciosa Museum Mile, o Museum for African Art deve ser aberto em 2009, entre a 109th Street e 110th Street. É o primeiro museu construído na milha desde 1959.

DISTÂNCIA 3 km
DURAÇÃO De meio dia a um dia inteiro
INÍCIO El Museo del Barrio
FIM Frick Collection
OBSERVAÇÕES
Antes de decidir em que dia fazer este passeio, confira os horários de funcionamento dos museus; a maioria fecha pelo menos um dia na semana. Vários abrem até mais tarde na sexta.

Seria muito cansativo ver todos os museus descritos a seguir num único dia, portanto, concentre-se em dois ou três, de acordo com seu gosto. Aqui, começamos com o museu mais ao norte seguindo em direção ao sul.

MUSEUM MILE

El Museo del Barrio
El Museo del Barrio ❶ (5ª Avenida, 1230, com 104th Street; tel.: 212-831-7272; <www.elmuseo.org>; 4ª-dom., 11h-17h; pago) reúne a arte e a cultura de Porto Rico, América Latina e Caribe numa série de exposições e eventos especiais.

Explorando a fusão de culturas que se seguiu à conquista espanhola, a seleção de peças do acervo permanente destaca artefatos folclóricos e religiosos. Obras de arte profana traçam o movimento dos latinos para os centros urbanos da América do Norte. Pinturas, gravuras, esculturas e fotografias completam o acervo do museu.

El Museo monta pelo menos quatro exposições especiais por ano, enfatizando artistas e movimentos artísticos das comunidades latinas da área metropolitana. Os festivais são realizados durante todo o ano.

Museum Mile Festival

O Museum Mile Festival é uma data muito popular do calendário cultural de Nova York desde sua criação, na década de 1970; acontece na segunda terça-feira de junho, das 18 às 21 horas, e geralmente atrai uma multidão de mais de 50 mil amantes da arte e pessoas em busca de diversão. Toda a extensão da Museum Mile, isto é, do MET para o norte até El Museo del Barrio, fica fechada ao tráfego, e músicos, artistas de rua e barraquinhas de comida se enfileiram no caminho. Todos os museus abrem nessa noite, com exposições temporárias especiais também montadas para coincidir com o festival.

Museum of the City of New York

Um quarteirão ao sul fica o **Museum of the City of New York** ❷ (5ª Avenida, 1.220, com 103rd Street; tel.: 212-534-1672; <www.mcny.org>; 3ª-dom., 10h-17h; grátis), que narra a história de Nova York desde os tempos de colônia holandesa até o presente. O acervo contém uma infinidade de artefatos e obras de arte relacionados com o caráter sempre mutante da cidade e seu crescimento fenomenal, incluindo pinturas históricas, equipamento antigo do corpo de bombeiros, brinquedos de época e muito mais.

Jewish Museum

Vários quarteirões adiante, o **Jewish Museum** ❸ (5ª Avenida, 1.109; tel.: 212-423-3200; <www.thejewishmuseum.org>; sáb.-4ª, 11h-17h45; 5ª, 11h-20h; pago) está localizado numa bela mansão de estilo renascentista francês construída por volta de 1908. No interior, há um excelente acervo judaico: arte, artefatos, fotografias e antiguidades que contam a história da perseverança dos judeus numa luta de tempos imemoriais. O destaque da coleção é uma exposição permanente intitulada *Culture and Continuity:*

The Jewish Journey ["Cultura e Continuidade: A Jornada Judaica"], montada em dois andares, ela ilustra mais de 4 mil anos de história cultural judaica.

Onde comer 🍴

① SARABETH'S KITCHEN
Av. Madison, 1.295 (com 92nd Street); tel.: 212-410-7335; diariamente, café da manhã, almoço e jantar; $$
Bolinhos, doces e outros produtos de confeitaria de dar água na boca, mais omeletes e panquecas macias, fazem deste lugar o ideal para os visitantes dos museus tomarem café da manhã (ou almoçarem).

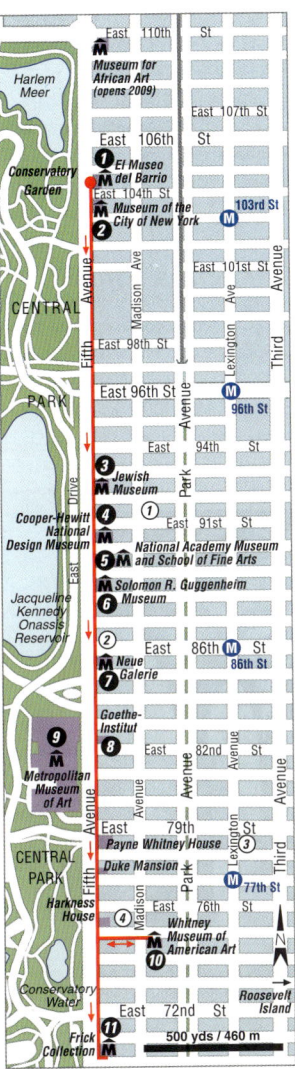

Acima, da esquerda para a direita: o átrio central do museu Guggenheim; detalhe de *Pershing Square Bridge*, 1993, de Bascove, que pode ser visto no Museum of the City of New York.

Conservatory Garden

Um agradável complemento para uma visita ao museu é um passeio pelo Conservatory Garden (diariamente das 8 horas até o anoitecer), uma parte do Central Park na 5ª Avenida com a 105th Street. Situado atrás dos portões que um dia já adornaram uma das mansões dos Vanderbilt, esse oásis pouco conhecido tem 2 ha de jardins bem cuidados e organizados, divididos em estilos italiano, inglês e francês. Visitas guiadas acontecem aos sábados às 11 horas, na primavera e no verão.

Palácios urbanos
Conhecida como "corredor dos milionários", a 5ª Avenida ao longo do Central Park tem prédios impressionantes, como a Harkness House (1 East 75th Street); a Duke Mansion (1 East 78th Street), que abriga o Institute of Fine Arts da New York University; e a Payne Whitney House (5ª Avenida, 972), de estilo renascentista, funciona como centro cultural da embaixada francesa.

Abaixo: interior do museu Guggenheim.

Uma opção excelente para o *brunch* nas proximidades é **Sarabeth's Kitchen**, ver ⓧ①, na Madison, um quarteirão a leste do Jewish Museum, seguindo a 92nd Street.

Cooper-Hewitt Design Museum
De volta à 5ª Avenida, o próximo museu indo para o sul é o **Cooper-Hewitt National Design Museum** ❹ (2 East 91st Street; tel.: 212-849-8400; <www.cooperhewitt.org>; 2ª-5ª, 10h-17h; 6ª, 10h-21h; sáb., 10h-18h; dom., 12h-18h; pago), um ramo da Smithsonian Institution localizado na mansão do magnata do aço Andrew Carnegie construída em 1901. O museu tem excelentes coleções de artes decorativas e aplicadas, e de desenho industrial, cumprindo com sua missão original de "biblioteca visual" da história do estilo.

National Academy Museum
Mais ou menos um quarteirão e meio adiante, algumas vezes confundido com o Cooper-Hewitt, fica o **National Academy Museum and School of Fine Arts** ❺ (5ª Avenida, 1.083, com 89th Street; tel.: 212-369-4880; <www.nationalacademy.org>; 4ª-5ª, 12h-17h; 6ª-dom., 11h-18h; pago), fundado em 1825.

Conhecido anteriormente como National Academy of Design, este museu é a mais antiga organização do país administrada por artistas. Preserva o costume segundo o qual os membros devem apresentar um autorretrato e um exemplo representativo de seu trabalho: uma tradição que reforça a coleção da academia, com 2.200 telas, 240 esculturas e 5 mil trabalhos em papel. Já foram seus membros Frederic Edwin Church, Winslow Homer, John Singer

Sargent, Robert Henri e Jasper Johns.

O Guggenheim

Fazendo sombra para o Academy está o **Solomon R. Guggenheim Museum** ❻ (5ª Avenida, 1.071, com a 89th Street; tel.: 212-423-3500; <www.guggenheim.org>; sáb.-4ª, 10h-17h45; 6ª, 10h-19h45; pago). A notoriedade desta galeria se deve muito a seu arquiteto, Frank Lloyd Wright, a quem, em 1943, foi encomendado o projeto de um lugar onde Guggenheim pudesse exibir sua coleção de pintura. É a única obra de Wright em Nova York. O projeto final apresentou uma estrutura de concreto que faz as pessoas pensarem em tudo, de saca-rolhas a *marshmallow*.

O coração do acervo são as obras de alguns dos principais artistas desde que o modernismo surgiu, no fim do século XIX. Muitos estavam ligados a movimentos como o expressionismo, o cubismo e a tendência para a abstração; por exemplo, Klee, Kandinsky, Mondrian, Modigliani, Léger, Picasso e Pollock.

Neue Galerie

Três quarteirões ao sul fica a **Neue Galerie** ❼ (5ª Avenida, 1.048, com a 86th Street; tel.: 212-628-6200; <www.neuegalerie.org>; sáb.-2ª e 5ª, 11h-18h; 6ª, 11h-21h; pago), numa mansão esplêndida construída em 1912-1914 pelos arquitetos Carrére e Hastings, cuja New York Public Library (*ver p. 25*) reflete a mesma influência do estilo belas-artes francês.

O museu foi fundado por Ron Lauder, filho e herdeiro da gigante dos cosméticos Estée Lauder, ex-embaixador dos Estados Unidos na Áustria, com interesse em arte germânica e bolsos fundos o bastante para satisfazer a própria paixão. A coleção, cuja maior parte foi reunida por intermédio da galeria de Serge Sabarsky, na Av. Madison, concentra-se na arte alemã e austríaca do século XX, com obras de Gustav Klimt, Egon Schiele e vários representantes da Bauhaus. Há também objetos de arte decorativa.

O café do museu, ver ⑪②, que recebeu o nome de Sabarsky, é um local apropriado para uma refeição leve.

Goethe-Institut

Você vai encontrar mais cultura teutônica no **Goethe-Institut** ❽ (5ª Avenida, 1.014, com a 83rd Street; tel.: 212-439-8700; <www.goethe.de/newyork>; biblioteca aberta de 3ª e 5ª, 12h-19h; 4ª, 6ª, sáb., 12h-17h; grátis), a filial nova-iorquina do instituto cultural alemão que promove a língua e a cultura em filmes, concertos, palestras, aulas do idioma e em sua biblioteca e galeria de arte.

> ## Onde comer 🍴
> ### ② CAFÉ SABARSKY
> 5ª Avenida, 1.048 (com 86th Street); tel.: 212-288-0665; 2ª, 4ª-dom., café da manhã e almoço; 5ª-dom., jantar; $$-$$$
> No café de paredes forradas com painéis de madeira, no térreo da Neue Galerie, os visitantes podem saborear o café preto e as excelentes sobremesas de um velho restaurante no estilo vienense. Réplicas de banquetas de época e mobília Bentwood, junto com um candelabro de Josef Hoffmann, compõem um cenário luxuoso e distinto.
> Em algumas sextas-feiras, há apresentação de cabaré e jantar a preço fixo.

Acima, da esquerda para a direita: os prédios elegantes do Upper East Side; *Os jogadores de futebol,* 1908, de Henri Rousseau, no museu Guggenheim; o Goethe-Institut promove a cultura alemã; uma pausa na Museum Mile.

Ilha Roosevelt
Para um pouco de aventura, fazendo uma pausa na visita aos museus, experimente ir até a pequena ilha Roosevelt, paralela ao Upper East Side. Ela tem apenas uma igreja, um supermercado e vistas lindas de Manhattan, especialmente ao entardecer. O meio mais agradável de chegar lá é pelo Roosevelt Island Tramway, que se pega na Second Avenue com a 60th Street, perto da Bloomingdale's.

A Bienal

A Bienal Whitney expõe o que considera ser mais provocativo na arte americana dos dois anos anteriores: "um espelho de nossa cultura e do que somos no momento", segundo os curadores do museu.

Abaixo: os portões da mansão Frick.

Metropolitan Museum

Ao sul, o ponto final da Museum Mile propriamente dita é representado pelo mais famoso dos nove museus: o **MET** ❾ (5ª Avenida, 1.000, com a 82nd Street; tel.: 212-535-7100; <www.metmuseum.org>; 3ª-5ª e dom., 9h30-17h30; 6ª e sáb., 9h30-21h; pago). Como o museu é enorme – o maior dos Estados Unidos – dedicamos um passeio inteiro a ele (*ver p. 46*).

Uma opção de restaurante neste ponto é o **Candle 79**, ver 🍴③, aonde se chega virando à esquerda na East 79th Street.

ALÉM DA MUSEUM MILE

Enquanto ainda estiver com vontade de ver arte, talvez você queira visitar o Whitney Museum ou a Frick Collection, ambos a uma distância que se pode cobrir a pé.

Whitney Museum of American Art

Para chegar ao **Whitney Museum of American Art** ❿ (Av. Madison, 945, com a 75th Street; tel.: 800-944-8639; <www.whitney.org>; 4ª-5ª, sáb.-dom., 11h-18h; 6ª, 13h-19h; pago), continue pela 5ª Avenida e vire à esquerda na 75th Street. Na esquina da Av. Madison, fica uma estrutura em cantiléver projetada por Marcel Breuer, uma das mais ousadas manifestações arquitetônicas do Upper East Side.

O Whitney foi fundado em 1931 pela artista e herdeira de estradas de ferro Gertrude Vanderbilt Whitney, que, ao contrário de seus contem-

---

Onde comer 🍴

③ CANDLE 79
154 East 79th Street; tel.: 212-537-7179; diariamente, almoço e jantar; dom., *brunch*; $$$
Há uma quantidade grande de lugares para comer comida vegetariana em Nova York, mas este restaurante combina com a vizinhança elegante e cheia de estilo, com pratos vegetarianos e veganos elaborados com ingredientes orgânicos.

④ CAFÉ BOULUD
20 East 76th Street (perto da Av. Madison); tel.: 212-772-2600; 3ª-sáb., almoço e jantar; 2ª só jantar; dom., *brunch* e jantar; $$-$$$
O renomado *chef* francês Daniel Boulud combina especialidades caseiras e regionais com a *haute cuisine* para criar pratos franceses clássicos com um toque rústico. O cardápio oferece delícias como perna de cordeiro assada e salada de caranguejo, além de sobremesas fantásticas.

porâneos do MET, estava mais interessada em artistas americanos vivos que em europeus mortos. Desprezada pelo MET, decidiu criar seu próprio museu e iniciar ela mesma a tarefa de colecionar obras de arte de alguns dos melhores pintores americanos da época, principalmente realistas como Thomas Hart Benton, Robert Henri e Edward Hopper.

Desde então, o museu tem se dedicado à aquisição de peças que representem todo o campo da arte dos séculos XX e XXI. O abstracionismo está bem representado, particularmente por obras do assim chamado expressionismo abstrato, ou Escola de Nova York, que predominou depois da Segunda Guerra Mundial.

O Whitney há muito se orgulha da política de comprar obras um ano depois de ter sido criada, frequentemente antes mesmo do reconhecimento geral dos artistas; essa predileção por ficar "na dianteira" fez dele um líder em vídeo, filme, arte performática e outras formas de expressão que, anteriormente, não eram associadas a exposições de museu.

Se estiver com fome, experimente a filial de **Sarabeth's Kitchen** no museu (*ver p. 51*) ou, para algo mais substancioso, o **Café Boulud**, ver ⑪④, um quarteirão ao norte, na East 76th Street.

Frick Collection
Volte para a 5ª Avenida e termine o passeio cinco quarteirões ao sul, na **Frick Collection** ⑪ (1 East 70th Street; tel.: 212-288-0700; <www.frick.org>; 3ª-sáb., 10h-18h; dom., 11h-17h; pago), que ocupa uma mansão construída em 1914 pelo magnata do aço Henry Clay Frick. O prédio foi construído para abrigar uma coleção de arte espetacular, que vai do Renascimento até o final do século XIX. Pensada desde o início como um legado para gerações futuras, essa coleção continua sendo um dos testemunhos mais belos do mundo do ponto de vista de um conhecedor.

A coleção enfoca a pintura (incluindo três quadros de Vermeer) e o mobiliário europeus e é também uma das combinações mais felizes de arte e ambientação em Nova York. O ambiente é de uma nobreza suave. Reserve bastante tempo para o pátio central, uma pausa restauradora das ruas da cidade.

Acima, da esquerda para a direita: o Whitney Museum; apreciando *Moça na janela,* de Roy Lichtenstein, no Whitney.

Arte e música
A temporada anual de concertos da Frick apresenta músicos clássicos jovens. Os ingressos devem ser reservados com antecedência.

Abaixo: *A Condessa d'Haussonville,* 1845, de Jean-Auguste-Dominique Ingres, na Frick Collection.

UPPER WEST SIDE

Uma visita ao acervo de dinossauros do Natural History Museum e ao Rose Center for Earth and Space, seguida de um passeio pela Columbus Avenue, pelo Lincoln Center e pelo Time Warner Center, que oferecem espetáculos de ópera, balé, teatro e jazz.

DISTÂNCIA 2 km
DURAÇÃO Um dia inteiro
INÍCIO American Museum of Natural History
FIM Time Warner Center
OBSERVAÇÕES
O American Museum of Natural History é uma atração excelente tanto para crianças quanto para adultos. O museu é enorme e aconselhamos uma visita concentrada em duas ou três seções, talvez pontuada por uma sessão no Imax Theatre. Talvez você tenha vontade de terminar o dia com um espetáculo no Lincoln Center ou no Time Warner Center.

Abaixo: o Hayden Planetarium.

Entre os edifícios de apartamentos a oeste do Central Park, estão alguns dos mais característicos da cidade, como o San Remo, com torres gêmeas, e o famoso Dakota, com suas torretas (John Lennon foi assassinado na porta deste prédio). É uma região muito apreciada por seus moradores, mesmo os das ruas menos abastadas, em parte porque pode-se ir a pé, partindo do Upper West Side, até três das atrações mais populares de Nova York.

É preciso muita energia para este passeio, por isso, reserve bastante tempo para um bom café da manhã ou *brunch* antes de começar. Há inúmeros restaurantes nesta parte da cidade. Duas boas opções, próximas de nossa primeira parada, ficam a noroeste, perto da 83rd Street: **Café Lalo**, ver ①, e **Good Enough to Eat**, ver ②. Outra opção é almoçar cedo na **praça de alimentação do museu**, ver ③.

AMERICAN MUSEUM OF NATURAL HISTORY
(AMNH)

Se estiver viajando com crianças, uma atração que você não pode perder é o **American Museum of Natural History** ❶ (Central Park West com a 79th Street; tel.: 212-769-5100; <www.amnh.org>; diariamente, 10h-17h45; pago), embora existam milhões de razões para que os adultos também o visitem. Na verdade, 32 milhões é o número estimado de artefatos e espécimes contidos nos 25 prédios do museu, dos quais apenas 2% são exibidos ao mesmo tempo. O museu é tão grande que seria impossível cobrir tudo aqui; em vez disso, vamos nos concentrar em alguns de seus destaques.

Entre no museu pela porta principal, na 79th Street, guardada pela estátua equestre do **Theodore Roosevelt Memorial Hall**. Do lado de fora, os degraus são um ponto de encontro bem conhecido, onde famílias e grupos escolares estudam seus guias e mapas.

Histórico

O naturalista doutor Albert S. Bickmore tinha paixão por museus de história natural e defendeu incansavelmente junto aos legisladores a criação de um. Em 1869, obteve êxito e foi fundado um museu no prédio do Arsenal, no Central Park. A construção da sede no lugar onde está hoje foi iniciada em 1874, embora o edifício original quase desapareça em meio às ampliações posteriores, entre as torretas e os

Acima, da esquerda para a direita: o Lincoln Center; *T. rex* no salão dos dinossauros saurisquianos no AMNH.

Onde comer

① **CAFÉ LALO**
201 West 83rd Street (com Amsterdam Avenue); tel.: 212-496-6031; diariamente, *brunch*; $
Um *brunch* reforçado é servido diariamente até as 16 horas neste café encantador. O bar fica aberto até tarde.

② **GOOD ENOUGH TO EAT**
483 Amsterdam Avenue (perto da 83rd Street); tel.: 212-496-0163; diariamente, café da manhã, almoço e jantar; $
Bolo de carne, carne de porco assada, tortas caseiras: as comidinhas que mais lembram a casa da gente, preparadas com perfeição e servidas num ambiente decorado com motivos americanos. Vale enfrentar a grande procura por bolinhos e panquecas pela manhã.

③ **MUSEUM FOOD COURT**
American Museum of Natural History, piso inferior; diariamente, das 11 às 16h45; $
A comida no maior restaurante do complexo é bem superior ao que geralmente se encontra nos museus, com saladas frescas, sanduíches, especialidades grelhadas, pizzas em forno de pedra e uma seleção deliciosa de doces. O churrasco e os pratos étnicos são especialmente saborosos.

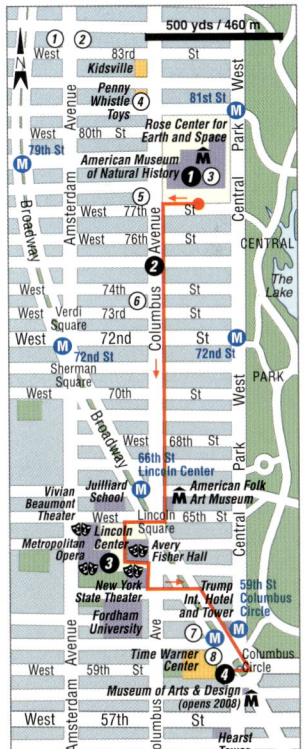

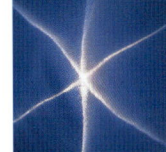

Joias resplandecentes

Os admiradores de pedras preciosas famosas devem ir direto para o Morgan Memorial Hall of Gems, no primeiro andar do museu. As vedetes incluem a deslumbrante safira "Estrela da Índia", de 563 quilates (foto), doada ao museu em 1900, e a esmeralda "Patrícia" (foto), uma beleza bruta de 632 quilates.

Acima, da esquerda para a direita:

para as crianças, o AMNH é imprescindível; diorama de urso pardo do Alasca; SonicVision no Hayden Planetarium Space Theater (ver dica na margem, abaixo à direita); o interior de uma das muitas galerias do museu.

degraus góticos da porta dos fundos e a fachada romana neoclássica branca na Central Park West. Na extremidade norte do terreno, fortemente iluminado à noite, fica o cubo de vidro de 210 milhões de dólares que abriga o Rose Center for Earth and Space.

Centro de orientação do quarto andar
Se só tiver tempo para visitar uma parte do museu, vá direto ao quarto andar, que tem a maior exposição de fósseis de dinossauros do mundo. Comece no **Wallach Orientation Center**, onde um filme narrado pela atriz Meryl Streep explica um sistema moderno, a cladística, que organiza os seres vivos numa árvore genealógica evolucionária composta de grupos com as mesmas características anatômicas.

Salão das origens dos vertebrados
Ao lado do centro de orientação, fica o **Hall of Vertebrate Origins**. Aqui, a história da evolução começa há mais ou menos 500 milhões de anos, quando reinavam nos mares enormes peixes encouraçados, como o *Dunkleosteus*,

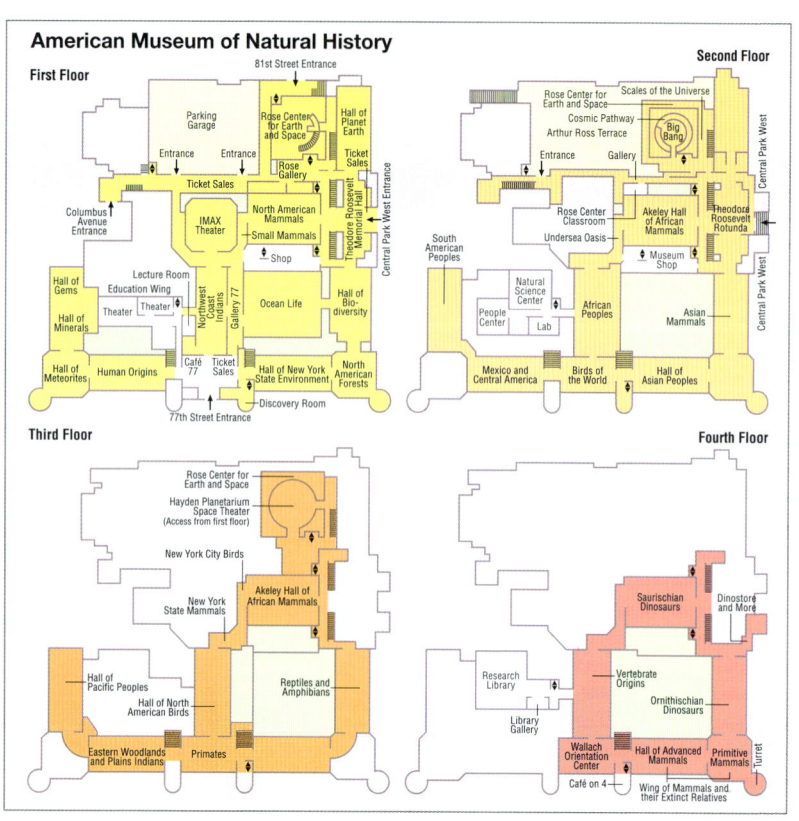

American Museum of Natural History

First Floor

Second Floor

Third Floor

Fourth Floor

58 UPPER WEST SIDE • MAPAS NA P. 57 E ACIMA

cuja cabeça tinha uma carapaça óssea. Ainda mais impressionantes são os répteis voadores, como os pterossauros, e os monstros marinhos de verdade, incluindo os ictiossauros.

Siga a faixa preta que acompanha a exposição localizada no corredor sobre a descoberta, em 1994, de um **fóssil de ovirraptor** na Mongólia. Esse espécime é muito especial, porque morreu enquanto chocava, num ninho repleto de ovos; a primeira prova do comportamento reprodutivo dos dinossauros. Há também um ovo de ovirraptor com um embrião fóssil dentro.

Salão dos dinossauros saurisquianos
O primeiro dos dois salões de dinossauros mais apreciados se concentra nos saurisquianos, ou seja, os dinossauros com cintura pélvica semelhante à dos lagartos. No meio do salão, representando os dois maiores ramos da família dos saurisquianos, estão os gigantescos esqueletos do *Tyrannosaurus rex* e do *Apatosaurus*, ambos com as caudas reposicionadas para cima, para garantir o equilíbrio. Assim, reflete-se a visão contemporânea de que eram criaturas ágeis, e não monstros pesadões que arrastavam a cauda pelo chão, como imaginavam os primeiros paleontólogos.

O tiranossauro é composto de fósseis de dois animais encontrados em Montana em 1902 e 1908. As costelas quebradas, as vértebras danificadas e o abscesso facial provavelmente revelam lutas com outros animais.

Perto do *T. rex*, mastigando a cauda de um saurópode, fica o *Allosaurus*. Outros grandes terópodes (dinossauros bípedes e carnívoros) estão expostos ao longo da parede lateral.

Canibalismo
Um esqueleto de *Coelophysis* carrega no estômago os ossos de um *Coelophysis* jovem, o que comprova que esse carnívoro estava sujeito a acessos de canibalismo. Do outro lado do salão, fica a única exposição do mundo de um fóssil de *Deinonychus*, um predador ágil mais ou menos do tamanho de um ser humano. Ele é mostrado no meio de um salto, pronto para atacar uma presa com suas garras superiores e – mais mortais que tudo – as garras em forma de foice do segundo dedo das patas inferiores.

Do outro lado da galeria, fica o *Apatosaurus*, uma das maiores criaturas que já andou sobre a Terra.

Salão dos dinossauros ornitisquianos
O salão seguinte é dedicado aos ornitisquianos, dinossauros que têm os ossos do quadril apontados para trás. Esse grupo inclui dinossauros com couraça e chifres, como os estegossauros, os anquilossauros e os triceratopes. Aqui, também ficam os dinossauros de bico de pato, cujas fileiras de dentes rombudos serviam para triturar plantas. O espécime mais significativo é a "**Múmia de Dinossauro**", um edmontossauro com amostras raras de tecido mole, incluindo um pedaço de pele claramente coberto por tubérculos semelhantes aos de um jacaré.

Mamíferos primitivos
Os dois salões seguintes no quarto andar apresentam **Mamíferos Primitivos e Mamíferos Modernos**, enfatizando a diversidade da linhagem. Os antepassados dos mamíferos eram tudo menos animais peludos de sangue quente, um fato ilustrado pelos restos fossilizados

Acima: *klipspringers,* pequenos antílopes africanos.

SonicVision
O músico tecno Moby fez uma parceria com a equipe de imagem digital do Hayden Planetarium para criar o SonicVision, um *show* musical digital animado (6ª e sáb. às 19h30 e às 20h30).

Acima, da esquerda para a direita: esculturas de pedra costa-riquenhas no Hall of Mexico and Central America; o esférico Hayden Planetarium; uma pedra do sol asteca; um dos famosos *mojitos* de Calle Ocho.

A Columbus e as crianças
A Columbus Avenue é um bom lugar para fazer compras com crianças. Kidsville, no n. 466, é uma "butique" e salão de cabeleireiros, com cadeiras em forma de carros de bombeiro, aviões e automóveis, para atrair os menores de 5 anos para aparar o cabelo. Brad e Angelina levaram os filhos lá numa recente visita a Nova York. No n. 448, fica a Penny Whistle Toys, uma loja tradicional, com lindos brinquedos à moda antiga.

de edafossauro, uma criatura grande, parecida com um lagarto, com um leque dorsal espinhoso. Fósseis mais conhecidos incluem tamanduás pré-históricos, tatus gigantes e um megatério de 2,5 m de altura.

A última galeria é dominada por criaturas que nossos antepassados da Idade do Gelo talvez tenham caçado (ou criaturas que talvez tenham caçado nossos antepassados), incluindo ursos-das-cavernas, tigres-dentes-de-sabre, enormes brontotérios parecidos com rinocerontes, com dentes em forma de pá no focinho, e mamutes de presas curvadas.

Rose Center
Se tiver tempo, vá para o terceiro andar, para visitar outro ponto interessante do museu: o **Rose Center for Earth and Space**. Este centro de ciência avançada abriga o **Hayden Planetarium**, uma esfera de alumínio de 27 m de diâmetro.

O planetário é dividido em dois teatros: na parte superior fica o Space Theater, com 429 lugares, coberto por uma cúpula. Lá, é apresentada a *Cosmic Collision*, uma visão da maneira como a colisão de corpos celestes molda o universo. Na parte inferior fica a exposição sobre o *Big Bang*, na qual os espectadores observam uma tela em forma de bacia sobre a qual imagens a *laser* desenham os primórdios do universo.

Saindo da esfera, numa espiral descendente, fica o *Cosmic Pathway*, ao longo do caminho, painéis iluminados narram a evolução do universo desde o *Big Bang* até hoje; cada passo representa cerca de 75 milhões de anos.

O caminho leva ao **Hall of the Universe**, um grande espaço com exibições de formação de estrelas, colisão de asteroides, buracos negros e outros fenômenos celestes. Perto do centro do salão, está o meteorito **Willamette**, um pedaço erodido de níquel e ferro de 15

Noites estreladas

Na primeira sexta-feira de cada mês, o museu organiza as "Starry Nights", quando os visitantes podem bebericar um vinho, beliscar uns aperitivos, andar pelas exposições e ouvir jazz ao vivo no Rose Center for the Earth and Space. Cada apresentação dura uma hora, das 19h30 às 20h30, e muitas são transmitidas ao vivo pela rádio FM WBGO 88.3. Veja em: <www.amnh.org/rose/specials/jazz>.

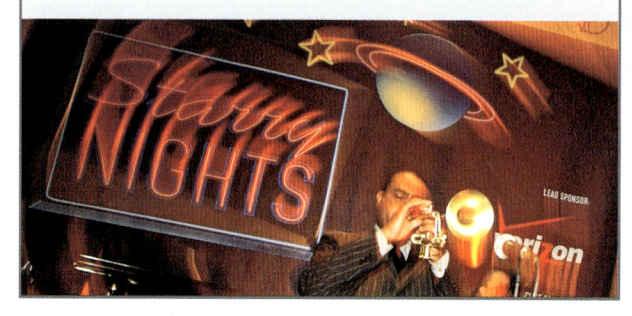

toneladas e meia, forjado numa estrela distante.

Uma escada leva do Hall of the Universe ao **Hall of Planet Earth**, que se concentra nas forças geológicas que dão forma ao planeta. Exibições multimídia exploram o vulcanismo e outros aspectos da ciência da Terra.

Outros destaques

Felizmente para visitantes interessados, mas com os pés cansados, os outros destaques estão todos no primeiro andar. Logo à esquerda do Theodore Roosevelt Hall fica o **Hall of Biodiversity**, uma celebração das formas de vida do planeta e um convite à sua proteção. O *Spectrum of Life*, uma coleção de 30 m de comprimento, com mais de mil modelos e espécimes, evoca a esplêndida variedade de vida na Terra. Outras exposições enfocam espécies ameaçadas e questões contemporâneas, como o aquecimento global.

À esquerda do Café 77, ao lado da entrada da 77th Street, fica o **Hall of Human Origins**, onde as exposições contam a história do *Homo sapiens*, começando com os australopitecos, que tinham aparência de macaco, e indo até os seres humanos da Europa da Idade do Gelo.

Imax Theater

Depois de um passeio tão longo apenas pelos principais pontos de interesse, talvez você esteja pronto para descansar no espaçoso **Imax Theater**, que fica situado exatamente no meio do primeiro andar. Durante todo o dia, são exibidos filmes, geralmente sobre temas de história natural, mostrando o pessoal do museu em expedições de pesquisa.

COLUMBUS AVENUE

Ao sair do museu, pense na possibilidade de um passeio pela **Columbus Avenue ❷**, que passa logo atrás, no sentido norte-sul. A avenida e os arredores têm butiques de grife e também muitos bares e restaurantes charmosos, incluindo (do norte para o sul) **Calle Ocho**, **Café Frida** e **Alice's Tea Cup**, ver 🍴④, 🍴⑤, e 🍴⑥, por isso, faça uma pausa aqui se seus pés precisarem de descanso.

Onde comer 🍴

④ CALLE OCHO
446 Columbus Avenue (perto da 81st Street); tel.: 212-873-5025; diariamente, jantar; dom., *brunch*; $$
Os fãs dizem que os *mojitos* desse sensual bar e restaurante caribenho são os melhores da cidade. Suaves luzes multicoloridas criam a atmosfera sedutora de uma gruta no bar, segunda casa de muitos profissionais jovens e endinheirados que vivem nas redondezas.

⑤ CAFÉ FRIDA
368 Columbus Avenue (perto da 77th Street); tel.: 212-712-2929; diariamente, almoço e jantar; dom., *brunch*; $$$
Os pratos mexicanos preferidos do público, incluindo *enchiladas* e *fajitas*, são só o começo neste agradável restaurante. É também excelente em especialidades regionais menos conhecidas, como frango assado com mole negro, cordeiro picante e frutos do mar.

⑥ ALICE'S TEA CUP
102 West 73rd Street (com Columbus Avenue); tel.: 212-799-3006; diariamente, café da manhã, almoço e jantar; $
Uma centena de tipos de chá e uma pitada de extravagância tornam este lugar propício para um almoço leve e uma conversa íntima.

Mercado das pulgas

Se visitar o museu num domingo, reserve um tempo para andar pelo GreenFlea Market, que acontece semanalmente na Columbus Avenue, entre a West 76th e a 77th, e onde dezenas de comerciantes vendem artesanato, antiguidades, roupas de época entre outros objetos domésticos, assim como frutas e verduras frescas, pães, bolos e tortas.

Arte folclórica
Uma filial do American Folk Art Museum, do outro lado do Lincoln Center, exibe obras de seu acervo permanente. A galeria fica na Lincoln Square, 2 (Columbus Avenue, entre a 65th e a 66th Street).

Abaixo: o Lincoln Center e a Juilliard School, famosos por suas companhias de balé.

LINCOLN CENTER

Depois de comer ou gastar bastante, vá para o sul, na Columbus Avenue até a 65th Street, onde a Broadway também dá uma guinada para encontrar você. À direita fica o **Lincoln Center for the Performing Arts** ❸ (visitas guiadas diariamente a cada duas horas, tel.: 212-875-5350, para reservas; ver <www.lincolncenter.org>, para horário de apresentações, informações sobre ingressos e *links* para todos os locais de eventos), onde cerca de 5 milhões de pessoas por ano se divertem com música clássica, balé, teatro e cinema.

Nos anos 1950, quando a cidade precisava de um novo teatro lírico e de um novo auditório para a filarmônica, colocá-los no mesmo prédio foi uma ideia visionária, assim como construir um centro cultural sofisticado nesta parte de Manhattan, mais conhecida pelo "Needle Park", invadido pelas drogas, e por ser o local do musical *West Side Story*, a história de brigas de gangues do compositor Leonard Bernstein. Hoje, claro, é o principal centro de artes em Nova York.

A fonte no meio da praça central é circundada pelas fachadas de vidro e mármore branco das três principais estruturas do Lincoln Center. A prestigiosa **Metropolitan Opera** fica bem em frente, com dois grandes murais de Marc Chagall atrás da parede de vidro.

"The MET", como é conhecido do público, abriga a Metropolitan Opera de setembro a abril e o American Ballet Theater de maio a julho. À esquerda do saguão principal, na pequena Gallery MET, são expostas as pinturas.

Música e dança
À esquerda da fonte central, o **New York State Theater** é compartilhado pela New York City Opera e pelo New York City Ballet: ambos mais arrojados

---

Onde comer 🍽

⑦ PORTER HOUSE NEW YORK
10 Columbus Circle (perto da 60th Street); tel.: 212-823-9500; 2ª-sáb., almoço e jantar; dom., *brunch*; $$$-$$$$
O *chef* Michael Lomonaco, que antes trabalhou no Windows on the World, do World Trade Center, criou uma churrascaria na melhor tradição dos almoços prolongados e dos formais ternos de flanela cinza.

⑧ DIZZY'S CLUB COCA-COLA
33 West 60th Street (perto da Broadway); tel.: 212-258-9595; diariamente, jantar; $$
A música e o cardápio são arrebatadores no clube noturno Jazz at Lincoln Center, que serve cozinhas latina e *creole* acompanhadas de jazz ao vivo.

e menos caros que o "The MET". O terceiro lado da praça é ocupado pelo **Avery Fisher Hall**, que abriga a New York Philharmonic e a série de concertos de verão "Mostly Mozart".

Atrás do Avery Fisher Hall (perto do "The MET") ficam uma praça sombreada e um espelho d'água, em torno do qual os funcionários dos escritórios se reúnem para o almoço. A escultura de bronze no centro do espelho d'água é a *Figura reclinada*, de Henry Moore; atrás da praça, fica o **Vivian Beaumont Theater**. Ainda fazem parte desse complexo a famosa **Juilliard School**, ao norte, e a **Fordham University**, ao sul.

COLUMBUS CIRCLE

Saindo do Lincoln Center, ande para o sul na Broadway até a esquina sudoeste do Central Park, na direção do **Columbus Circle** ❹.

No lado norte do Columbus Circle, fica a **Trump International Hotel and Tower** (*ver p. 114*), situada do outro lado da entrada do Central Park e com a calçada geralmente apinhada de pedestres. No lado sul, procure o **Museum of Arts and Design**, que deve se mudar para cá em setembro de 2008. O MAD, como o pessoal do museu se refere a ele, é dedicado à exibição de obras contemporâneas de vidro, metal, argila, madeira e papel.

Erguendo-se acima do Columbus Circle, que quase desaparece, está o **Time Warner Center**, cujas torres assimétricas de vidro olham de cima para a imponente estátua do explorador Cristóvão Colombo, nome pelo qual o lugar é chamado. As lojas e os restaurantes finos daqui, incluindo o **Porter House New York**, ver 🍴⑦, desempenharam um papel importante na recente revitalização da área. Os estúdios do canal de TV CNN ficam no terceiro andar, com visitas guiadas diárias, abertas ao público (tel.: 866-426-6692; pago).

O Time Warner Center também abriga o **Dizzy's Club Coca-Cola**, ver 🍴⑧, e o **Jazz at Lincoln Center** (tel.: 212-258-9800), um maravilhoso conjunto de educação e diversão. Visite o **Jazz Hall of Fame**, ou termine o dia com um *show* no **Frederick P. Rose Hall**.

Acima, da esquerda para a direita: a casa de jazz Frederick P. Rose Hall é parte do Lincoln Center, mas fica no Time Warner Center; a Trump International Hotel and Tower, com seu globo brilhante.

Construção ecológica

A construção de espaços ecologicamente corretos em Manhattan já começou. O primeiro edifício ecológico totalmente certificado é a Hearst Tower, ao sul do Columbus Circle, na Eighth Avenue, entre a 57th Street e a 56th Street, sede da gigantesca editora cujas revistas incluem *Esquire, Cosmopolitan* e *House Beautiful*. Construída em cima do prédio *art déco* da Hearst, que datava de 1928, a torre de vidro de 46 andares foi projetada para minimizar o desperdício e poupar energia. Mais de 90% do aço estrutural da torre contêm material reciclado, assim como os carpetes e os móveis. Um sistema de coleta desvia a água da chuva para os ares-condicionados e para uma queda d'água de três andares de altura que refresca o átrio. Sensores diminuem a intensidade das luzes quando ninguém está no ambiente, e a pele de vidro da torre deixa a luz do sol entrar sem que haja aquecimento desnecessário. Graças a uma ventilação aprimorada, a qualidade do ar dentro do prédio talvez seja melhor que a do lado de fora, o que, na fumacenta Midtown, contribui para que todo mundo respire melhor.

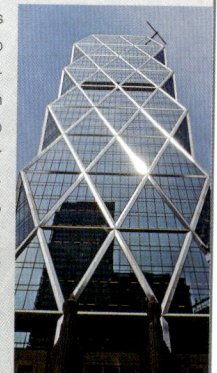

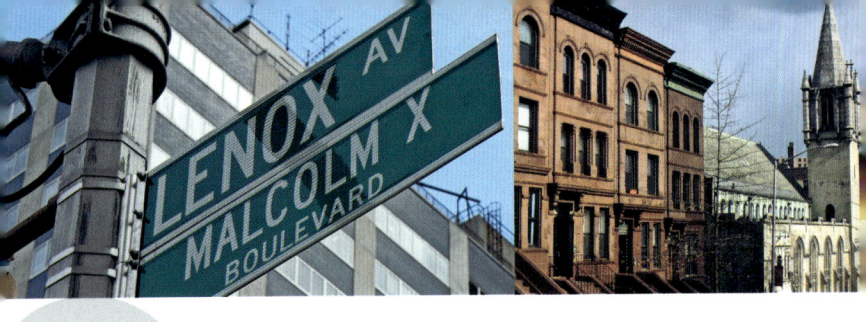

HARLEM

O renascimento do Harlem está em curso, e esse bairro histórico mostra sinais sem precedentes de vitalidade, ao mesmo tempo que novos moradores, investidores e mesmo um ex-presidente dos Estados Unidos prestam atenção em suas muitas possibilidades.

DISTÂNCIA Variável
DURAÇÃO Meio dia
INÍCIO/FIM Ver abaixo
OBSERVAÇÕES
Para uma melhor impressão geral do Harlem, recomendamos contratar uma empresa de guias de turismo (ver *à direita*). Os pontos de partida desses passeios variam, por isso, ligue antes ou visite o *site* para reservar seu lugar e confirmar onde e quando se encontrar.

Onde comer

① **AMY RUTH'S**
113 West 116th Street (entre avenidas Lenox e Seventh); tel.: 212-280-8779; 2ª-sáb., café da manhã, almoço e jantar; $
Este restaurante atrai astros da política, dos esportes e do entretenimento, mas a atração mais forte vem da comida sulista.

② **MISS MAUDE'S SPOON-BREAD TOO**
547 Malcolm X Boulevard (entre a 137th Street e a 138th Street); tel.: 212-690-3100; diariamente, almoço e jantar; $
O frango frito à moda do sul é um dos pratos preferidos neste convidativo restaurante.

③ **SYLVIA'S**
328 Malcolm X Boulevard (entre a 126th Street e a 127th Street); tel.: 212-996-0660; 2ª-sáb., somente jantar; $$
Centro da cozinha afro-americana no Harlem. Aconselhável fazer reserva.

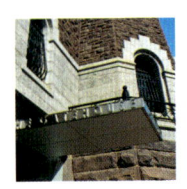

Renascido
Duas novas instituições culturais dão continuidade ao renascimento pós-milênio do Harlem. A Gatehouse (150 Convent Avenue; tel.: 212-650-7100) tem apresentações de teatro, dança e música inusitados. O Museum for African Art planeja se mudar para novas dependências na 5ª Avenida com a East 110th Street em 2009.

O Harlem está passando por uma transformação. Nos últimos anos, a revitalização insinuou-se para o norte, vinda de outras partes de Manhattan, e novos habitantes – atraídos pela arquitetura característica da área, por sua história fascinante e pelos valores módicos dos imóveis – mudaram-se para o bairro.

O ex-presidente Bill Clinton concentrou-se na mudança das características da área quando escolheu a 125th Street como local de seu escritório depois que saiu da Casa Branca, da mesma forma que proeminentes empresários, como o astro do basquete Magic Johnson, que abriu ali um cinema multiplex em 2000. Esse espírito de otimismo assiste a um aumento repentino dos pequenos negócios, à medida que restaurantes e butiques surgem para abastecer a população recém-chegada.

À direita: um habitante do Harlem.

EXCURSÃO PELO HARLEM

As atrações do Harlem estão espalhadas por todos os lugares, e partes do bairro continuam complicadas para turistas. Para informações sobre as maneiras de visitar os lugares que deseja, contate a **Harlem Visitors & Convention Association** (tel.: 212-862-8497, <www.harlemdiscover.com>).

Melhor ainda, contrate uma das empresas de turismo especializadas na parte alta de Manhattan. **Harlem Spirituals** (tel.: 212-391-0900, <www.harlemspirituals.com>), **Harlem Your Way!** (tel.: 212-690-1687, <http://harlemyourwaytours.com>) e a excelente **Harlem Heritage Tours** (tel.: 212-280-7888; <www.harlemheritage.com>) oferecem itinerários planejados para dar uma visão completa do bairro, com aspectos positivos e negativos. Faça a visita numa manhã de domingo, quando um estimulante culto evangélico numa igreja batista local costuma estar incluído na excursão.

Destaques

Os passeios frequentemente incluem os sobrados projetados por Stanford White na **Striver's Row**; o antigo enclave elegante em **Sugar Hill**; a **Abyssinian Baptist Church**, onde o defensor dos direitos humanos Adam Clayton Powell Jr. iniciou sua carreira; o animado mercado **La Marqueta**, no Harlem hispânico; e o **distrito histórico de Hamilton Heights**, onde Alexander Hamilton, primeiro secretário do Tesouro Norte-Americano, morou antes de ser assassinado num duelo pelo vice-presidente Aaron Burr.

O Apollo

Para muitos, o principal destaque é o **Apollo Theater** (253 West 125th Street; tel.: 212-531-5300), que ajudou a alavancar as carreiras de artistas afro-americanos, como Ella Fitzgerald, James Brown e Stevie Wonder. O **Lenox Lounge** (288 Malcolm X Boulevard), que já recebeu Billie, Miles e Coltrane, também foi reformado.

A maioria das excursões inclui almoço ou *brunch*, mas, se tiver escolha, **Amy Ruth's**, **Miss Maude's Spoonbread Too** e **Sylvia's** são lugares eleitos pelo público há muito tempo, ver ①①, ①② e ①③.

Acima, da esquerda para a direita: Lenox Avenue, chamada de Malcolm X Boulevard; casas de arenito castanho-avermelhado no distrito de St. Nicholas; o Apollo Theater; jantar no Amy Ruth's.

Sempre ativo
O Dance Theater of Harlem (tel.: 212-690-2800), fundado em 1969 como escola de artes e companhia de balé, hoje se apresenta em eventos na cidade.

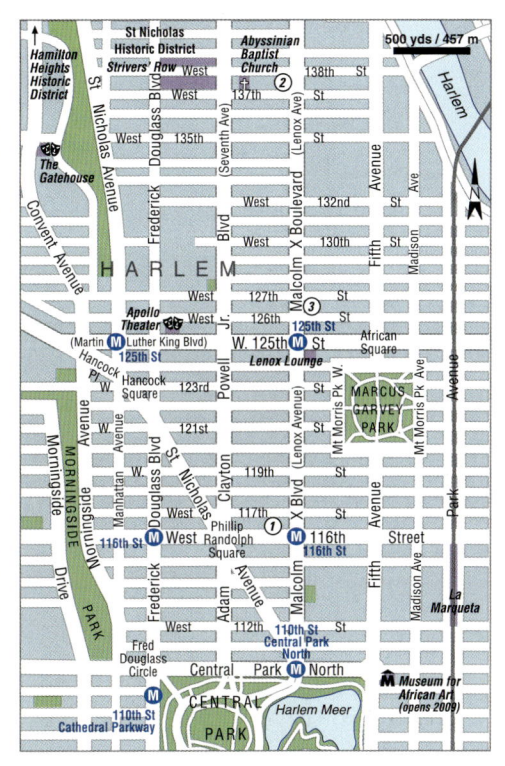

THE CLOISTERS (OS CLAUSTROS)

Este repositório de cultura medieval fica longe do alvoroço de Midtown, instalado num conjunto de mosteiros reconstruídos sob a curadoria do MET.

Jardim de época
Os amantes da jardinagem gostarão de saber que o Bonnefont Cloister tem uma das coleções mais especializadas de plantas do mundo, com cerca de 250 espécies usadas na cozinha, na medicina e na magia da Idade Média. O Trie Cloister, com sua fonte central, emoldura um jardim cheio de plantas típicas das regiões rurais da Europa: campânulas e íris dos campos, juncos das margens dos córregos e prímulas e violetas silvestres.

DISTÂNCIA O passeio é feito no interior dos claustros
DURAÇÃO Meio dia
INÍCIO/FIM The Cloisters, Fort Tryon Park
OBSERVAÇÕES
Pegue o ônibus M4 até o ponto final (Fort Tryon Park-The Cloisters) ou, se não se importar de andar um pouco, pegue o trem A até a 190th Street, saia pelo elevador e ande para o norte, ao longo da Margaret Corbin Drive, por cerca de 10 minutos.
O New Leaf Café fica a uma pequena distância a pé com relação ao museu.

À direita: vitrais enfeitam as galerias e as capelas reconstruídas em The Cloisters.

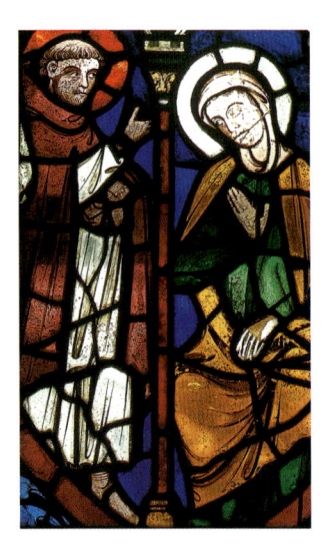

Se o ritmo frenético da cidade está dando nos seus nervos, pense na possibilidade de uma jornada tranquila até **The Cloisters** (Fort Tryon Park; tel.: 212-923-3700; <www.metmuseum.org>; mar.-out.: 9h30-17h15; nov.-fev.: 3ª-dom., 9h30-16h45; pago). Encarapitado numa escarpa rochosa com vista para o rio Hudson, na parte norte de Manhattan, esse ramo do MET é dedicado à arte e arquitetura medievais. As exposições são integradas ao edifício, cuja maior parte é composta de pedaços de mosteiros do séc. XII.

O poder financeiro por trás dessa instituição, como de tantas outras em Nova York, era o de John D. Rockefeller Jr. No entanto, o responsável por ela realmente foi George Grey Barnard, escultor e colecionador que esquadrinhou o interior da França em busca de esculturas sacras e fragmentos arquitetônicos. O resultado é um conjunto encantador, que evoca a atmosfera silenciosa de um retiro eclesiástico. É tranquilo, fascinante e tão distante da cidade quanto é possível chegar sem sair de Manhattan.

NÍVEL SUPERIOR

The Cloisters tem dois níveis. No **nível superior**, as *Unicorn Tapestries*, tecidas em Bruxelas por volta de 1500, há muito são consideradas o maior tesouro do acervo do museu. As imagens retratam a caça ao unicórnio mitológico, cuja captura, morte e reconstituição talvez representem a encarnação, morte e ressurreição de Jesus Cristo.

Três dos cinco claustros ficam neste nível. Logo em frente à sala das tapeçarias do unicórnio, está o **Cuxa Cloister**, proveniente de um mosteiro beneditino do sul da França. Os capitéis românicos de mármore das colunas são caracterizados por entalhes de volutas de folhas, flores de acanto e animais com dois corpos e uma única cabeça, formando um desenho bastante complexo. Uma fonte no centro do jardim interno divide o espaço em quatro quadrantes, cada um com sua árvore frutífera, debruados de ervas e flores.

Acima, da esquerda para a direita: The Cloisters dá vista para o rio Hudson; o Cuxa Cloister.

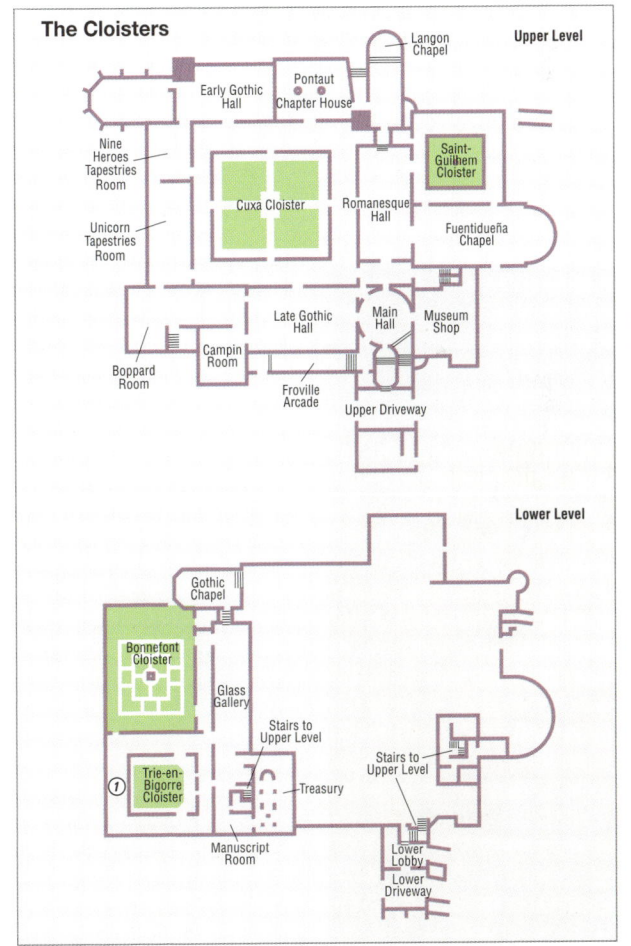

Cenários serenos
John D. Rockefeller Jr. doou o Fort Tryon Park para a cidade de Nova York em 1930, com a condição de que uma parte fosse destinada aos claustros. Ele também deu o terreno que fica em frente ao museu, do outro lado do rio Hudson, de presente para o Estado de New Jersey, de modo que os visitantes tivessem dali vistas espetaculares e sem obstáculos.

Guia gravado

Guias gravados bem leves estão à disposição. Eles fornecem informações sobre a história dos claustros, sua arquitetura, seus jardins e cerca de 70 obras de arte. Incluem 75 pontos de parada (cerca de 2 horas de visita).

Abaixo: *Unicórnio em cativeiro*, 1495-1505, norte da França.

O saguão românico

O **Romanesque Hall** separa dois dos claustros. Os visitantes entram por um enorme arco apoiado em dois blocos imensos de calcário. Entalhados por volta de 1150, os capitéis do arco são baixos-relevos de motivos florais e animais. Do lado oposto dessa entrada, fica um arco gótico pontiagudo de meados do séc. XIII, proveniente do mosteiro burgúndio de Moutiers-St-Jean. Um terceiro portal, a porta Reugny, do final do séc. XII, vinda do Vale do Loire, tem um arco pontiagudo e intervalado. A estatuária inclui esculturas de Clóvis, o primeiro rei francês cristão, e de seu filho Clotário.

Saindo do saguão, há duas capelas. Sob o dossel do altar, na **Langon Chapel**, fica uma escultura de madeira da Virgem com o Menino. A **Fuentidueña Chapel**, com sua imponente abside redonda, foi originalmente parte da igreja de São Martinho, na aldeia espanhola de Fuentidueña, ao norte de Madri.

Paralelo à capela de Fuentidueña, fica o claustro francês **Saint-Guilhem**, que veio da abadia beneditina de St-Guilhem-le-Désert, fundada em 804 no sul da França.

A Casa do Capítulo de Pontaut

Saindo do Cuxa Cloister, veem-se várias salas impressionantes. Logo à esquerda, está a reconstrução da **Pontaut Chapter House**, proveniente de Notre-Dame-de-Pontaut, uma abadia do séc. XII, no sudoeste da França. O espaço retangular tem a marca do estilo românico em suas paredes grossas e janelas pequenas.

Andando em sentido anti-horário, o caminho leva ao **Early Gothic Hall**, onde os vitrais são exemplos soberbos do novo estilo que tomava o lugar do românico nas igrejas de toda a Europa no séc. XII. As estátuas expostas aqui incluem a da *Virgem* (c. 1250) de arenito da catedral de Strasbourg e da *Virgem e Menino* de calcário, de meados do séc. XIV, proveniente da Île-de-France.

Na sala vizinha, estão fragmentos das **Nine Heroes Tapestries**, parte de uma série de tecidos pictóricos franceses do séc. XV. Heróis da história e da mitologia pagã, hebraica e cristã estão retratados nessas tapeçarias. Seguindo adiante, encontram-se as *Unicorn Tapestries*, que já apresentamos.

Salas Boppard e Campin

A **Boppard Room** contém dosséis ornamentados com complicados arcos torcidos e enfeites de folhas, emoldurando seis vitrais góticos tardios, originalmente instalados numa igreja de Boppard am Rhein. Ao lado, na **Campin Room**, temas seculares e religiosos misturam-se no tríptico *Retábulo da Anunciação*, de Robert Campin, pintor do séc. XV.

A sala Campin leva ao **Late Gothic Hall**. Esculturas do final do séc. XV representam os Reis Magos que visitaram Jesus depois do nascimento. Paralelo ao Late Gothic Hall, fica o terceiro claustro, **Froville Arcade**, construído em torno de nove arcos pontiagudos, proveniente de um priorado beneditino.

NÍVEL INFERIOR

Algumas escadas conduzem do nível superior ao inferior e à **Glass Gallery**, onde vitrais, esculturas e tapeçarias são representativos de obras da Baixa Idade Média criadas para uma florescente classe de mercadores e negociantes ricos e também para as igrejas. Essas obras revelam a crescente secularização da vida europeia no final da Idade Média.

Na Glass Gallery, há portais que conduzem a dois outros claustros. O **Trie-en-Bigorre Cloister** exibe capitéis entalhados floreados, provenientes de um convento carmelita e de outras ordens da região de Bigorre, no sudoeste da França, e também de mosteiros próximos de Toulouse. Se estiver com fome, o **Trie Café** fica aberto do mês de maio a outubro, ver ①.

Ao lado, fica o mais amplo **Bonnefont Cloister**, de meados do séc. XIII ou início do séc. XIV, com capitéis e colunas retirados da abadia cisterciense de Bonnefont-en-Comminges. A simplicidade de seus capitéis aqui é indicativa do ascetismo rigoroso dos monges, que consideravam a ornamentação uma distração da contemplação de Deus.

A capela gótica

A última sala é do **The Cloisters**, a **Gothic Chapel**, onde a efígie do cavaleiro cruzado Jean d'Alluye, armado com cota de malha, espada e escudo, descansa sobre seu túmulo. Há vários vitrais nesta capela, bem como monumentos fúnebres, incluindo os túmulos dos condes espanhóis de Urgel.

Quando tiver terminado de explorar The Cloisters, dê um passeio pelo Fort Tryon Park até o **New Leaf Café**, ver ②.

Acima, da esquerda para a direita: fonte do claustro; a efígie de Jean d'Alluye na capela gótica; detalhe de uma gárgula; pintura do séc. XII, *A Vinda do Espírito Santo*, proveniente do vale do Mosa, na França.

Música medieval

Ligue para 212-650-2290 para informações sobre concertos em The Cloisters. As apresentações acontecem na capela Fuentidueña, do séc. XII, com composições medievais tocadas em instrumentos de época. Os preços dos ingressos incluem uma visita grátis ao museu no mesmo dia.

Onde comer

① TRIE CAFÉ
The Cloisters, maio-out., 3ª-dom., almoço; $
Os visitantes podem se deliciar com doces e sanduíches neste café localizado na calçada de um claustro francês.

② NEW LEAF CAFÉ
Fort Tryon Park; tel.: 212-568-5323; 3ª-sáb., almoço e jantar; dom., jantar; sáb.-dom., *brunch*; $$
Este café arejado, com paredes forradas de painéis de carvalho, fica na entrada sul do Fort Tryon Park, num prédio restaurado dos anos 1930. Serve saladas e sanduíches criativos e pratos de carne e frango. Jazz ao vivo nas noites de quinta e sexta.

FLATIRON, SOFI, UNION SQUARE E CHELSEA

Este roteiro incorpora algumas das regiões e paisagens mais inovadoras do centro da cidade: o primeiro arranha-céu de Nova York, o Flatiron; a agitada Union Square e o artístico Chelsea.

DISTÂNCIA 4 km
DURAÇÃO Meio dia
INÍCIO Edifício Flatiron
FIM Chelsea Hotel
OBSERVAÇÕES
Os melhores dias para este passeio são 2ª, 4ª, 6ª ou sábado, quando os agricultores se reúnem no Greenmarket em Union Square. Observe que a maioria das galerias em Chelsea fecha às segundas-feiras.

Madison Square Park
Este agradável espaço verde, que se estende da 23rd até a 26th Street, entre a Av. Madison e a Broadway, é um lugar incrível para um piquenique; e a comida é fornecida lá mesmo. O gracioso Shake Shack do parque serve batatas fritas com queijo, misturas de sorvetes e, na opinião de muitas pessoas, o melhor hambúrguer de Nova York.

Comece esse passeio tranquilo pelos lugares onde há poucos arranha-céus, no lado leste da Broadway com a 23rd Street, ao lado do edifício Fuller, mais conhecido como **Flatiron** ❶, em virtude de seu característico formato triangular. Projetado pelo famoso arquiteto de Chicago Daniel Burnham, para o terreno de formato incomum, e construído em 1902, esse edifício de 87 m foi o primeiro dos arranha-céus com estrutura de aço da cidade e, durante algum tempo, o mais alto do mundo.

O Flatiron tem 22 andares e foi imortalizado em 1903 numa foto clássica em preto e branco do fotógrafo modernista norte-americano Alfred Stieglitz, que o descrevia como "um gigantesco navio a vapor".

SOFI

A região logo ao sul do Flatiron é chamada de SoFi no lugar de "**South of Flatiron**". Ande para o sul, ao longo da Broadway – uma caminhada de 10 minutos até Union Square –, percorrendo um trecho que já foi conhecido como "Ladies Mile" e que no fim do século XIX ia da 23rd Street até a 9th Street, acompanhando a Broadway e a Sixth Avenue. O nome deve-se ao fato de que, na época, havia muitas lojas elegantes de departamentos aqui; hoje, redes modernas dão continuidade ao negócio de moda.

Theodore Roosevelt nasceu aqui
Na caminhada até Union Square, os amantes de história podem virar à esquerda na East 20th Street e visitar o **Theodore Roosevelt Birthplace** ❷ (n. 28; tel.: 212-260-1616; <www.nps.

Onde comer
① **CRAFTBAR**
900 Broadway (at 20th Street); tel: 212-461-4300; daily L and D, Sat–Sun Br; $$$
A filial descolada do Craft oferece uma área para jantar espaçosa e arejada, e um bar animado. Um eclético menu inclui petiscos saborosos e simples, com sobremesas tentadoras.

gov/thrb>; 3ª–sáb., 9h-17h; pago), uma réplica dos anos 1920 do elegante prédio de arenito castanho-avermelhado onde o 26º presidente dos Estados Unidos nasceu, em 1858, e passou a infância. Depois de sua morte, em 1919, o imóvel foi reconstruído, e os cômodos recriados com o intuito de mostrar como vivia uma família abastada como a dos Roosevelt em meados do século XIX.

Se estiver com fome, vá ao **Craftbar**, ver ⑪①, convenientemente localizado no mesmo quarteirão, na esquina da Broadway.

UNION SQUARE

Um pouco mais para o sul fica a **Union Square** ❸, que recebeu esse nome por sua localização na movimentada convergência da Broadway com a Fourth Avenue. Esta era uma área chique em meados dos anos 1850, abandonada pelas pessoas elegantes na virada do século. Nos anos anteriores à Primeira Guerra Mundial, a praça era notória como espaço de manifestações políticas.

No entanto, a Union Square de hoje transborda vivacidade, um ressurgimento que pode ser atribuído, em grande parte, ao **Greenmarket** (2ª, 4ª, 6ª, sáb., 8h-18h), a maior e melhor feira de produtos agrícolas da cidade, montada quatro vezes por semana no lado norte da praça.

Um acréscimo no processo de revitalização foi o fluxo de editoras, agências de publicidade e outras empresas de mídia da moda para a região. Recentemente, a revista *Wire* instalou internet sem fio na Union Square e com frequência se vêem nova-iorquinos com seus notebooks por lá.

CHELSEA

A oeste de Union Square (da 14th Street até mais ou menos a 20th Street), fica o divertido, sofisticado e artístico Chelsea. Ao contrário dos dois bairros anteriores, Chelsea tem muitas ruas residenciais arborizadas, onde muitas casas elegantes viraram condomínios de apartamentos.

Na 15th Street, ande alguns quarteirões para o oeste, até a Ninth Avenue,

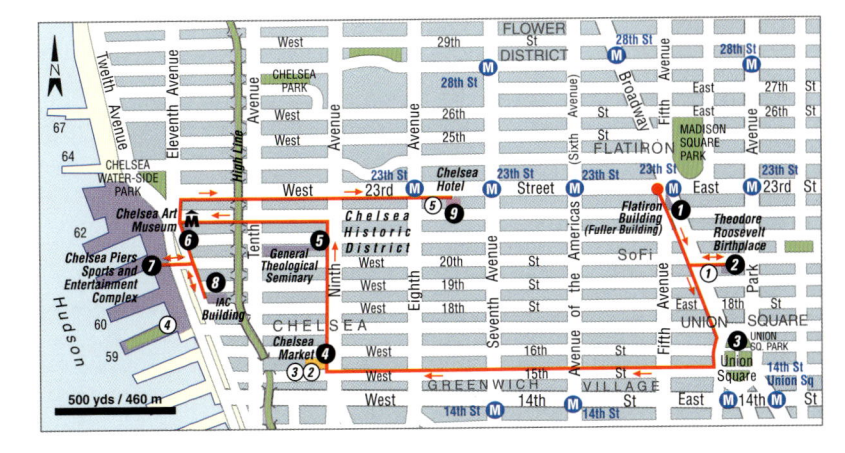

Acima, da esquerda para a direita: vista aérea do Flatiron; o Empire Diner *(ver p. 120)* em Chelsea.

Abaixo: produtos frescos no Greenmarket.

Setor das flores

Os atacadistas de flores agrupam-se em torno da Sixth Avenue, entre 26th Street e 29th Street, mas corra: os imóveis estão valorizados, forçando o fechamento de muitas lojas.

para chegar ao **Chelsea Market** ❹ (2ª-6ª, 7h-21h; sáb.-dom., 7h-20h). Uma reforma arrojada transformou os 18 prédios construídos entre 1883 e 1930 num fantástico mercado coberto. Grande parte das paredes de tijolos e do aço das construções originais foi deixada à vista, o que confere ao espaço uma atmosfera artística e industrial. O interior tem uma queda d'água e bancos de alvenaria em torno dos quais ficam as lojas de iguarias finas e *design* e os restaurantes, incluindo **Amy's Bread**, ver ⑪②, e **Hale and Hearty Soups**, ver ⑪③.

Setor histórico de Chelsea

Depois de visitar o mercado, ande para o norte na Ninth Avenue e entre no distrito histórico de Chelsea, que se localiza entre as avenidas Eighth e Tenth, da 19th Street até a 23rd Street. O terreno foi herdado por Clement Clarke Moore em 1813 e vendido em seguida, com restrições ao desenvolvimento da área que ajudaram a preservar sua arquitetura elegante. Moore é famoso por ter escrito o poema *Uma visita de São Nicolau*, hoje mais conhecido como *Era véspera de Natal*.

Entre as ruas 20th e 21st, à esquerda, procure a entrada principal do prédio do século XIX onde fica o **General Theological Seminary** ❺ (175 Ninth Avenue; tel.: 212-243-5150; <www.gts.edu>; diariamente, 9h-17h; grátis). Registre-se no balcão de informações, pegue o folheto-guia gratuito e passe para o agradável quadrângulo cercado de árvores que abriga os prédios, incluindo Good Shepherd Chapel e St. Mark's Library.

Setor das galerias

Continue pela Ninth Avenue e vire à esquerda na 22nd Street, para chegar ao coração do setor das galerias. Quando os altos preços dos imóveis os expulsaram do Soho nos anos 1980 e 1990, muitos comerciantes de arte reinstalaram-se neste antigo bairro industrial, principalmente nessa rua, entre as avenidas Tenth e Eleventh. No n. 556, fica o **Chelsea Art Museum** ❻ (tel.: 212-255-0719; <www.chelseaartmuseum.org>; 3ª-sáb., 12h-18h; 5ª até as 20 horas; pago), que exibe obras de artistas contemporâneos consagrados e emergentes.

Os píeres de Chelsea

Se for mais inclinado para os esportes do que para a arte, talvez você queira conhecer os **Chelsea Piers** ❼, a oeste, outro lado da Eleventh Avenue. Até 1930, esta zona portuária servia as linhas Cunard e Star e, depois de décadas de

---

De galeria em galeria

Os limites do setor de galerias em Chelsea alargaram-se muito desde que essa antiga área industrial sacudiu a poeira nos anos 1980. Pode-se dizer que os limites atuais são: 29th Street, ao norte; 13th Street, ao sul; Eleventh Avenue, a oeste; e Seventh Avenue, a leste.

Como seria de esperar dos mestres da comunicação visual, o setor das galerias é bem sinalizado, e lá é fácil o visitante se localizar. O site <www.chelseaartgalleries.com> tem listas de mostras que estão abrindo, mostras que estão fechando, feiras e *vernissages*. A época mais agitada e sociável do ano é entre setembro e dezembro, quando não é incomum a realização de até seis *vernissages* na mesma noite. A maioria das galerias fecha às segundas.

abandono, renasceu como área de esportes e entretenimento, estendendo-se da 23rd Street até a 17th Street. As instalações incluem rinques de patinação no gelo e sobre rodas, campo de treino de golfe, canchas de boliche, gaiolas para treino de beisebol e uma parede de escalada. Também há jantares luxuosos ou cruzeiros evangélicos na marina e, se quiser parar um pouco para descansar, pense em ir até **Chelsea Brewing Company**, ver ⑪④, que tem vistas lindas do rio.

O edifício da IAC

Atravessando a Eleventh Avenue, na altura da 18th Street, está o imperdível edifício da IAC ❽. Projetado por Frank Gehry, e concluído em 2007, este edifício comercial de vidro tem recebido os mais lisonjeiros comentários, embora alguns achem que a forma curva de vela, inspirada na paixão de Gehry pelos barcos, seja mais um truque publicitário que propriamente originalidade.

Chelsea Hotel

Suba a Eleventh Avenue e vire à direita na 23rd Street. Entre as avenidas Eighth e Seventh, fica o **Chelsea Hotel** ❾ (222 West 23rd Street; tel.: 212-243-3700; *ver p. 113*), um marco do decadentismo boêmio que, com o passar dos anos, foi a segunda casa de poetas *beatniks*, de *drag queens* de Warhol e de astros do *rock* debilitados pelas drogas.

Aqui o poeta Dylan Thomas estava hospedado quando morreu, em 1953; Andy Warhol filmou *Chelsea Girls*, em 1967; e o *punk* Sid Vicious supostamente assassinou a namorada Nancy Spungen, em 1978, antes de morrer de uma overdose de drogas.

No saguão, dê uma olhada nas obras de arte incomuns (feitas por hóspedes e trocadas conforme dá na veneta) ou termine apropriadamente este passeio com um drinque ou uma refeição no restaurante do hotel, **El Quijote** ⑪⑤.

Onde comer

② AMY'S BREAD
Chelsea Market, 75 Ninth Avenue; tel.: 212-462-4338; diariamente, café da manhã, almoço e jantar; $
Observe os padeiros trabalhando na cozinha envidraçada deste pequeno restaurante, onde se pode atacar uma variedade de pães frescos e doces saídos do forno. Excelentes bolos e biscoitos.

③ HALE AND HEARTY SOUPS
Chelsea Market, 75 Ninth Avenue; tel.: 212-255-2400; diariamente, café da manhã, almoço e jantar; $
Num dia frio, nada cai melhor que um prato fumegante de sopa espessa e saborosa, com uma boa fatia de pão de massa fermentada ou de pão de sete grãos, neste movimentado restaurante.

④ CHELSEA BREWING COMPANY
Chelsea Piers, West Side Highway com a 20th Street; tel.: 212-336-6440; diariamente, almoço e jantar; $$
Faça sua escolha entre as 20 cervejas artesanais desta microcervejaria no Pier 59. Você pode fazer hora num dos compridos balcões de mogno no terraço ou se deliciar com uma refeição completa num restaurante com vista para o rio Hudson.

⑤ EL QUIJOTE
226 West 23rd Street (entre as avenidas Seventh e Eighth); tel.: 212-929-1855; diariamente, almoço e jantar; $$-$$$
Um tradicional estabelecimento espanhol, embaixo do Chelsea Hotel, com uma ótima pechincha: o cardápio de lagosta a preço fixo.

Acima, da esquerda para a direita: passeando com os cachorros; restaurante fino de Chelsea; Chelsea Market; mostra de fotografia no distrito das galerias.

High Line
Já estão sendo implantados os planos para transformar em caminho turístico a High Line, uma linha abandonada de trilhos elevados que atravessa a parte oeste de Chelsea. A inauguração da primeira parte está programada para 2008.

GREENWICH VILLAGE

Um passeio com extraordinárias atrações turísticas, lojas, bares e cafés neste que, um dia, já foi o bairro mais boêmio da América do Norte, mais uma incursão pelos recintos da moda no Meatpacking District.

DISTÂNCIA 4 km
DURAÇÃO De meio dia a um dia inteiro
INÍCIO Cruzamento das ruas Bleecker e MacDougal
FIM West 14th Street com Tenth Avenue
OBSERVAÇÕES
A estação de metrô mais próxima do ponto de partida é a West 4th Street/Washington Square. Ande alguns quarteirões para o sul na Sixth Avenue até chegar a Bleecker Street.

Abaixo, à direita: o Arco de Washington.

Comece este passeio num café próximo do cruzamento entre as ruas Bleecker e MacDougal. **Caffe Reggio**, **Minetta Tavern** e **Le Figaro Café** são os preferidos, ver ①, ② e ③, mas há vários outros onde se pode saborear um café numa mesinha na calçada e relembrar os dias em que artistas, anarquistas e defensores do amor livre – de Edna St. Vincent Millay e e.e. cummings a Jackson Pollock, Jack Kerouac e Bob Dylan – faziam do Village o epicentro da cultura boêmia de Nova York.

Onde comer

① CAFFE REGGIO
119 MacDougal Street (entre Bleecker e a West 3rd Street); tel.: 212-475-9557; diariamente, café da manhã e almoço; $
Os poetas *beatniks* Allen Ginsberg e Jack Kerouac costumavam frequentar este restaurante; hoje, é mais provável encontrar alunos da NYU e corretores da bolsa de valores, mas ainda é um lugar aconchegante para saborear doces, *panini*, massas e sopas.

② MINETTA TAVERN
113 MacDougal Street (com Minetta Lane); tel.: 212-475-3850; diariamente, almoço e jantar; $$-$$$
Esta casa de cozinha italiana tradicional proporciona uma abençoada experiência fora de moda que evoca o velho Village. Fotos e ilustrações antigas evocam o auge da boemia na MacDougal Street.

③ LE FIGARO CAFÉ
184 Bleecker Street (com MacDougal Street); tel.: 212-677-1100; diariamente, café da manhã, almoço e jantar; $$
Há mais de três décadas os moradores do Village vêm aqui em busca de café e doces. O cardápio também inclui uma variedade de massas, frutos do mar, *panini* e omeletes. Domingo à noite, a dança do ventre é diversão garantida.

WASHINGTON SQUARE

Ande três quarteirões na MacDougal Street até o **Washington Square Park** ❶. Originalmente vala comum e local de enforcamentos públicos, o parque depois se tornou o centro residencial dos nova-iorquinos prósperos retratados em *A herdeira*, romance clássico de Henry James.

Hoje, o parque tem vários usos: praça pública, espaço para performances e campus informal da New York University, proprietária da maioria dos grandes edifícios modernos que o circundam. A mistura cotidiana de estudantes, trapaceiros de jogo de xadrez, turistas e mães empurrando carrinhos de bebê é um retrato das incongruências que animam o bairro.

No lado norte do parque, servindo de passagem para a 5ª Avenida, fica o **Washington Arch** ❷, construído com madeira em 1892, para comemorar o centenário da posse de George Washington como presidente, e mais tarde substituído por esta versão de mármore.

Uma igreja que é um marco histórico
Felizmente, a NYU poupou os elegantes sobrados de Washington Square North, que são praticamente os únicos prédios do século XIX que ficam de frente para o parque, além da **Judson Memorial Church**, do lado oposto. Essa igreja foi projetada em estilo neo-românico pelo arquiteto Stanford White (*ver p. 76*) no início da década de 1890 e está associada, hoje, a várias questões e eventos progressistas, incluindo uma série de performances teatrais, palestras para homossexuais e exposições de arte.

Acima, da esquerda para a direita:
o Village foi, e é, um lugar de eventos para os direitos dos homossexuais; uma calma rua arborizada.

Os padrões de qualidade do jazz
O Village abriga alguns dos clubes de jazz mais famosos do mundo. O primeiro entre iguais é o Blue Note (131 West 3rd Street), que apresenta grandes clássicos e números contemporâneos. Na vizinhança, o Village Vanguard (178 Seventh Avenue South) ganhou experiência lançando reis do jazz como Miles Davis e John Coltrane.

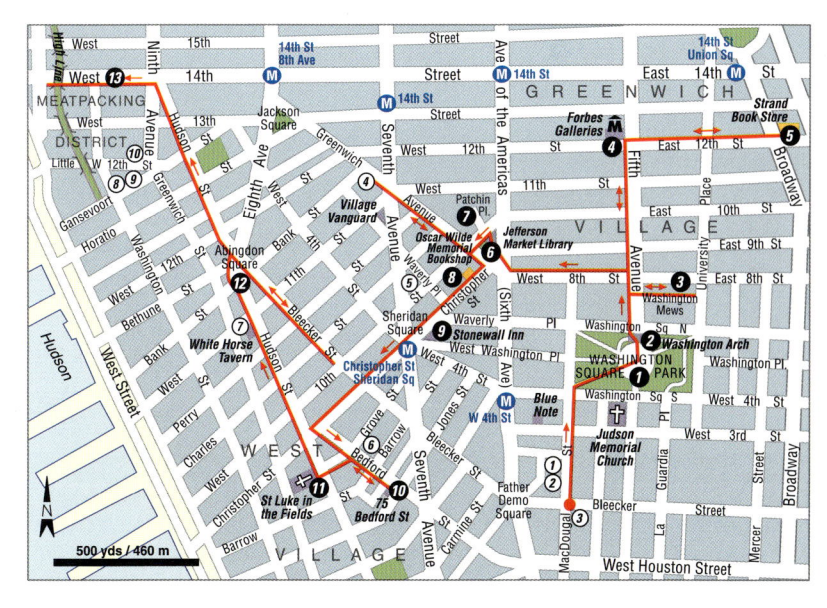

Acima, da esquerda para a direita: Washington Mews; MacDougal Street; Strand Book Store; *Na praia,* 1875, de Winslow Homer, nas Forbes Galleries.

Sexo e assassinato Antes de OJ, houve Harry K. Thaw *(acima)*. Em 1906, foi acusado de matar o arquiteto Stanford White. Thaw suspeitava (acertadamente) que White seduzira sua esposa, uma corista. Thaw foi julgado em Jefferson Market Courthouse, chamado de "o julgamento do século". Até o presidente Roosevelt acompanhou o processo. No fim, Thaw foi inocentado por insanidade.

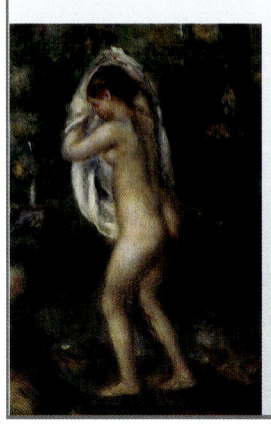

À direita: detalhe de *Menina se despindo para se banhar na floresta,* de Pierre-Auguste Renoir.

Washington Mews

Na 5ª Avenida, ande cerca de meio quarteirão até o Washington Mews ❸ (portões fechados à noite), uma viela com calçamento de pedras entre a 5ª Avenida e a University Place. As bonitas casinhas enfileiradas eram originalmente os estábulos dos sobrados de Washington Square North, depois convertidos em estúdios de artistas.

Se a ideia de uma coleção eclética de curiosidades históricas desperta seu interesse, faça um desvio para o norte, andando alguns quarteirões na 5ª Avenida, até as **Forbes Galleries** ❹ *(ver abaixo)*. Os fãs de livros devem visitar a **Strand Book Store** ❺ (três quarteirões a leste na 12th Street com a Broadway; tel.: 212-473-1452; 2ª-sáb., 9h30-22h30; dom., 11h-22h30; a sala de livros raros fecha diariamente às 18h20), uma instituição nova-iorquina *(ver margem, à direita)*.

WEST VILLAGE

De volta à 5ª Avenida, ande para o oeste na 8th Street e depois mais ou menos um quarteirão para o norte na Sixth Avenue até a **Jefferson Market Library** ❻, um ornamento gótico de torretas e cumeeiras. Construído em 1877 para ser um tribunal *(ver margem, à esquerda)* e, em seguida, unido a uma

As galerias Forbes

Uma das vantagens de ser extremamente rico é ter meios para satisfazer seus desejos. Veja, por exemplo, o falecido editor Malcolm S. Forbes. Apesar de ser conhecido como balonista, ciclista e festeiro entusiasmado, o efervescente Forbes foi também um colecionador inveterado, e suas aquisições estão expostas na sede da revista *Forbes* na 5ª Avenida (no n. 62, na altura da West 12th Street). As aquisições mais louvadas de Forbes são os ovos adornados de pedras preciosas criados por Peter Carl Fabergé para os três últimos czares Romanov. Duas galerias são dedicadas a manuscritos presidenciais, que compreendem mais de 4 mil documentos escritos por todos os presidentes dos Estados Unidos. Os soldadinhos de chumbo eram outra paixão de Forbes; cerca de 10 mil estão arrumados em cenas de batalhas históricas. O eclético beira o excêntrico nas galerias dedicadas à história do jogo de tabuleiro "Monopólio" e à coleção de troféus para conquistas tão peculiares, como vitórias em concursos de lançamento de ovos e consumo de tortas. Numa expressão de aprovação a coleções mais convencionais, há também uma sala dedicada ao tesouro que a empresa possui em pinturas americanas, britânicas e francesas do século xix, incluindo obras de Winslow Homer e Pierre-Auguste Renoir.

prisão feminina, esse marco vitoriano é hoje parte da New York Public Library (*ver p. 25*). Entre as internas, estiveram a ativista Angela Davis, a militante católica Dorothy Day e a acusada de espionagem Ethel Rosenberg. A prisão foi demolida nos anos 1970 e um jardim comunitário está em seu lugar.

Dê a volta na biblioteca e vá para a West 10th Street, para encontrar a pequena **Patchin Place** ❼, onde já moraram o dramaturgo Eugene O'Neill, o jornalista John Reed e o poeta e.e. cummings.

Greenwich Avenue

Se tiver tempo, faça um desvio na **Greenwich Avenue**, que tem muitas lojas e restaurantes, incluindo a livraria especializada em histórias de mistério Partners & Crime (n. 44), a butique para cachorros Fetch (n. 43) e a divertida loja de presentes Alphabets (n. 47). Se sentir fome, há vários bons cafés e restaurantes nas redondezas, como **Chez Brigitte**, ver ❹, na própria Greenwich Avenue, e **Tanti Baci**, ver ❺, logo depois da esquina da West 10th Street.

Christopher Street

Volte para a Greenwich Avenue e vire à direita na **Christopher Street**, centro tradicional da comunidade *gay* de Nova York. Embora a maior parte desse cenário esteja hoje ao norte da 14th Street, ainda vale um passeio até a **Oscar Wilde Memorial Bookshop** ❽ (n. 15), que se autointitula a "mais antiga livraria *gay* e lésbica", um ponto de encontro informal da comunidade.

Mais adiante, entre Waverly Place e Seventh Avenue, fica **Stonewall Inn**

A livraria Strand
O autor italiano Umberto Eco descreve esta livraria como seu "lugar preferido na América". Os donos dizem ter mais de 2 milhões de volumes em estoque – de exemplares de cortesia pela metade do preço a raridades de cem mil dólares. Em 2007, a Strand comemorou seu 80º aniversário.

Onde comer

④ CHEZ BRIGITTE
77 Greenwich Avenue; tel.: 212-929-6736; diariamente, almoço e jantar; $
Brigitte já morreu, mas seu minúsculo restaurante permanece como uma instituição nas redondezas, servindo pratos franceses básicos, mas substanciosos, como perna de cordeiro assada ou guisado de vitela. Há apenas oito banquinhos no bar, por isso, o lugar pode ficar bem apertado, mas quem vai reclamar diante de preços tão baixos?

⑤ TANTI BACI
163 West 10th Street (perto de Waverly Place); tel.: 212-647-9651; diariamente, *brunch*, almoço e jantar; $$
Massas italianas legítimas e saborosas são o ponto forte deste romântico restaurante no porão. O pátio da frente fica aberto, quando o tempo está bom, para deixar a brisa entrar.

À esquerda: um café na MacDougal Street.

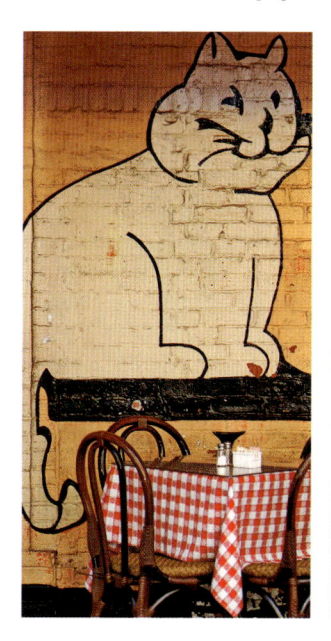

Acima, da esquerda para a direita: tabuleta de loja; Bob Dylan no Greenwich Village; vestidos para impressionar no Meatpacking District; grife famosa na West 14th Street.

❾ (53 Christopher Street), local de uma revolta em 1969 iniciada por frequentadores *gays* cansados de serem varridos dali pela polícia. Esse evento é geralmente considerado a explosão que inaugurou o movimento pelos direitos gays. (O bar original, na verdade, ficava ao lado.)

Bedford Street
Siga a Christopher Street, atravesse a Seventh Avenue e vire à esquerda na **Bedford Street** para entrar numa das zonas residenciais calmas, que fazem do Village um lugar tão agradável para se morar. O pequeno bar na esquina com a Barrow Street é o **Chumley's**, ver 🍴⑥, um antigo bar clandestino da época da lei seca que ainda é um dos preferidos dos literatos mais velhos do Village. Há uma entrada secreta, virando a esquina, na singular e calma Barrow Street.

A poeta Edna St. Vincent Millay morou aqui perto, no **n. 75 da Bedford** ❿, numa casa que dizem ser a mais estreita de Manhattan, com apenas 3 m de largura.

Hudson Street
Volte pelo mesmo caminho, vire à esquerda na Grove Street e ande um quarteirão até a **Hudson Street**. De frente para o cruzamento fica a massa densa e austera de **St. Luke in the Fields** ⓫, a terceira igreja mais antiga da cidade, construída em 1822.

Mais adiante, subindo a rua, em meio a um agrupamento de butiques, antiquários e restaurantes, fica a **White Horse Tavern**, ver 🍴⑦, a preferida do poeta galês Dylan Thomas, antes de sofrer um colapso aqui em 1953 depois de muitos uísques. Dylan morreu logo depois, no St. Vincent's Hospital, que fica próximo.

Bleecker Street
Depois da 11th Street, a Hudson converge para um cruzamento de seis

Dylan sobre Nova York
"A cidade era como um bloco não esculpido, sem qualquer nome ou forma, que não mostrava favoritismo a nada e a ninguém. Tudo era sempre novo, sempre cambiante. A multidão pelas ruas nunca era a mesma."
Bob Dylan, *Crônicas*, volume um. Trad. Lúcia Brito. São Paulo, Editora Planeta do Brasil, 2005, p. 117.

À direita: o lendário Chumley's.

vias em torno da bonita e arborizada **Abingdon Square** ⓬. Este passeio termina seguindo a direção noroeste, na Hudson Street até o Meatpacking District, onde há excelentes opções de restaurantes. Antes de ir para lá, você poderia fazer um desvio, virando à direita na **Bleecker Street**, onde se pode andar pelos antiquários e butiques que ladeiam toda a rua até a Sixth Avenue.

Procure também por grifes caríssimas, como a **Marc Jacobs** (385 Bleecker), **Mulberry** (387 Bleecker), **Ralph Lauren** (381 Bleecker) e **Juicy Couture** (368 Bleecker), que nos últimos anos vêm aflorando nessa faixa e expulsando antigas lojas de moda, para tristeza das pessoas do lugar.

A Bleecker é cortada por algumas das mais bonitas ruazinhas de Greenwich Village. A **Bank Street** é especialmente encantadora, com calçamento de pedra e casas de tons pastel, assim como a **Perry Street**, que fica um quarteirão adiante.

MEATPACKING DISTRICT

A noroeste de Abingdon Square fica o Meatpacking District, que já foi um bairro de comércio atacadista de carne e açougues e se tornou uma das áreas mais elegantes da cidade.

Durante o dia, pode-se visitar *designers* de vanguarda; há muitos na **West 14th Street** ⓭, entre as avenidas Ninth e Tenth: Alexander McQueen (n. 417), Stella McCartney (n. 429) e Jeffrey New York (n. 449). Se estiver precisando de uma pausa, há vários restaurantes perto do cruzamento calçado de pedras das ruas Hudson, Gansevoort e Little West 12th, onde se pode parar para um jantar ou uns drinques; ver ⓱⑧,⑨ e ⑩.

É uma região bastante tranquila, muito diferente do esplendor noturno, quando celebridades magras, ricas e famosas entopem os restaurantes e clubes noturnos, os *flashes* espocam, e as pessoas comuns babam por trás das cordas.

Onde comer

⑥ CHUMLEY'S
86 Bedford Street (com Barrow Street); tel.: 212-675-4449; 2ª-5ª, jantar, sáb.-dom., almoço e jantar; $
Esta espelunca lendária já atraiu literatos beberrões como Ernest Hemingway e Jack Kerouac. Não mudou muito com o passar dos anos: há serragem no chão, uma lareira aberta, e os freqüentadores são tão curtidos pelo tempo quanto as mesas de madeira. Não há tabuleta do lado de fora desde os tempos em que era um bar clandestino, durante a lei seca.

⑦ WHITE HORSE TAVERN
567 Hudson Street (com West 11th Street); tel.: 212-243-9260; diariamente, almoço e jantar; $-$$
Nenhum giro pelos bares de Greenwich Village está completo sem uma visita a este, um dos preferidos dos estudantes e dos mais variados literatos desde os tempos do poeta galês Dylan Thomas, que, seguindo o próprio conselho, puxou um banquinho no bar e, de maneira nada suave, entrou noite adentro.

⑧ FLORENT
89 Gansevoort Street (perto de Little West 12th Street); tel.: 212-989-5779; diariamente, 24 horas; $-$$
O Florent, com seus 20 anos, é um veterano que se mantém firme em meio à vizinhança dos glamorosos emergentes de Meatpacking District. Sustenta seu grupo de freqüentadores leais com hambúrgueres, saladas, *boudins* (uma espécie de salsicha) e outras comidas vagamente francesas.

⑨ PARADOU
8 Little West 12th Street (perto da Ninth Avenue); tel.: 212-463-8345; diariamente, jantar, sáb.-dom., *brunch;* $-$$
Com tempo bom, peça uma mesa no jardim deste convidativo bistrô que serve vinho francês e cozinha provençal leve.

⑩ PASTIS
9 Ninth Avenue (com Little West 12th Street); tel.: 212-929-4844; diariamente, café da manhã e jantar, 2ª-6ª, almoço; sáb.-dom., *brunch;* $$-$$$$
É o restaurante mais badalado do Meatpacking District, com um burburinho de gente bonita, limusines, táxis e velhos furgões de carne em volta. Apesar disso, conserva um ar de cervejaria antiquada e despretensiosa (com mobília trazida da Europa).

SOHO E TRIBECA

Estes bairros são a própria síntese do chique pós-industrial. São playgrounds urbanos conhecidos mundo afora pela arquitetura de ferro fundido, pelas butiques elegantes, pelos lofts e pela comida fantástica.

DISTÂNCIA 3,5 km
DURAÇÃO De meio dia a um dia inteiro
INÍCIO West Broadway
FIM Tribeca Film Center
OBSERVAÇÕES
As estações de metrô mais próximas do ponto de partida são Prince Street e Spring Street A, C, E. Talvez você queira reservar um tempo durante o passeio para compras no Soho. O *tour* termina em Tribeca, um excelente lugar para jantar.

Arte conceitual
O Soho é o lugar de duas instalações antigas do artista Walter De Maria: *O quilômetro interrompido,* uma peça conceitual composta de 500 varetas de latão polido arrumadas em três fileiras no chão de um *loft* no n. 393 da West Broadway, e *A sala de terra de Nova York* que, fazendo jus ao nome, é uma sala na Wooster Street n. 141, preenchida com mais de 200 m³ de terra.

Abaixo: letreiros de butiques do Soho.

O velho bairro industrial do Soho (South of Houston) foi invadido por artistas nos anos 1960 e, depois, floresceu como meca da cultura de vanguarda. Hoje, há mais butiques de alta-costura que galerias (muitas das quais se mudaram para o lado oeste das ruas de n. 20, em torno da Tenth Avenue, em Chelsea), e o bairro está mais voltado para as compras que para a arte.

Este passeio leva você a alguns lugares da moda, mas muitas distrações podem tirá-lo da trilha. As ruas de Soho são estreitas, e as multidões podem se assustar, principalmente aos sábados, por isso, não conte com um passeio rápido. Quando se gosta muito de fazer compras, é fácil passar o dia inteiro nas lojas. Mas, quando o objetivo é só conhecer o lugar, meio dia é suficiente.

WEST BROADWAY

Comece seu passeio na **West Broadway** ❶, perto da Houston Street. A West Broadway é a principal rua do Soho, ladeada de butiques caras, incluindo as gigantes americanas DKNY (n. 420), Ralph Lauren (n. 381) e Tommy Hilfiger (n. 372) e estilistas europeus como Alberta Ferretti (n. 452) e Giorgio Armani (n. 410).

PRINCE STREET

A região de compras espalha-se pelas ruas laterais, especialmente **Prince Street** ❷, onde se pode encontrar J. Crew (n. 99), Miu Miu (n. 100), Club Monaco (n. 121), Coach (n. 143), e outros.

Enquanto estiver olhando as lojas, pare um pouco para admirar dois lindos edifícios: no **n. 112 Prince**, que na face leste tem um extraordinário mural *trompe l'oeil* do artista Richard Haas, e na outra esquina, no n. 109, um bonito edifício de cinco andares com fachada de ferro fundido, que hoje abriga a grife italiana Replay.

Num antigo posto do correio, um pouco adiante, fica a **Station A** (103 Prince Street), a elegante loja da Apple. Abra caminho na multidão para experimentar os últimos iPods, iPhones e outras novas engenhocas. Mais à frente, na esquina da Mercer Street, fica **The Mercer** (147 Mercer Street; ver p. 117), um hotel-butique, muito na moda, num lindo edifício de estilo neorromânico. Embaixo do hotel fica a **Mercer Kitchen**, ver ①. Outros bons lugares para comer, como **Fanelli Cafe** e **Zoë**, ver ② e ③, ficam a poucos metros de distância.

GREENE STREET

Volte pelo mesmo caminho, até a West Broadway, vire à esquerda e aprecie as lojas dos dois quarteirões que se estendem até a Broome Street. Vire à esquerda na Broome e continue até a **Greene Street** ❸. No fim do séc. XIX, aqui era o centro de um famoso distrito da luz vermelha, onde os bordéis funcionavam atrás de janelas fechadas. Hoje, as mesmas janelas atraem um tipo diferente de olhar – o olhar fixo do desejo pelos últimos modelos de Viviene Tam (n. 99) e Hugo Boss (n. 132).

O setor histórico das construções de ferro fundido

A Greene Street também é o coração do **Soho Historic Cast Iron District**. A maioria das estruturas do lugar foi construída na segunda metade do século XIX, quando fábricas se mudaram para o bairro e precisaram

Acima, da esquerda para a direita: madames almoçando; a cervejaria Odeon, em Tribeca (ver p. 83); o Fanelli Cafe; uma fachada de ferro fundido.

Mercado das pulgas
Comerciantes vendem suas mercadorias na Soho Antique Fair, na Grand Street com a Broadway (sáb. e dom.).

Onde comer

① MERCER KITCHEN
99 Prince Street (com Mercer Street); tel.: 212-966-5454; diariamente, café da manhã, almoço e jantar; $$$$
Modelos e astros do cinema reúnem-se neste restaurante maravilhoso para provar a "comidinha de todo dia" do célebre *chef* Jean-Georges Vongerichten.

② FANELLI CAFE
94 Prince Street (com Mercer Street); tel.: 212-226-9412; diariamente, café-da-manhã, almoço e jantar; $
Este restaurante da época industrial do Soho ainda tem a atmosfera caseira de uma taverna de bairro. A cozinha prepara bem rapidinho um excelente hambúrguer.

③ ZOË
90 Prince Street (perto da Mercer Street); tel.: 212-966-6722; 2ª-6ª, almoço; diariamente, jantar; sáb.-dom., *brunch*; $$-$$$$
Este pioneiro do Soho ainda serve uma inteligente cozinha americana contemporânea. Os *chefs* trabalham num espaço aberto, para deleite de clientes curiosos.

Acima, da esquerda para a direita: colunas de ferro fundido emolduram as vitrines da Prada; sinuca num bar de Tribeca.

Children's Museum of the Arts
Janelas pintadas com cores brilhantes marcam a entrada de um espaço que é parte museu, parte ateliê de arte. Aqui, as crianças aprendem arte tornando-se artistas. Tudo é feito em tamanho reduzido. Os pais talvez se sintam um pouco confinados, mas as crianças logo se sentem em casa, indo de um lugar de trabalho para outro, mergulhando na pintura a dedo, na argila, nas colagens e nas fantasias.
O museu fica na Lafayette Street, n. 182, perto da Broome Street.
Abaixo: meca musical em Tribeca.

criar rapidamente espaços industriais. Não havia eletricidade, então, foi necessário fazer janelas que deixassem entrar o máximo possível de claridade. As paredes dos fundos frequentemente davam para vielas escuras, assim, o único lugar por onde a luz do sol podia entrar eram as grandes janelas da frente. A solução para os problemas de custo veio na forma de construções com fachadas de ferro pré-fundido que podiam ser montadas no canteiro de obras. Como fundir o ferro exige menos mão de obra que esculpir pedras, as fachadas podiam ser bem ornamentadas.

O proeminente edifício **Gunther**, na esquina das ruas Greene e Broome, é digno de atenção. Foi construído em 1872 para ser *showroom* e depósito do comerciante de peles William Gunther e hoje serve de *loft* e galeria.

Adiante, na Greene, fica o **King of Greene Street** (72-76 Greene Street), um edifício esplêndido de 1872, construído para Gardner Colby, magnata dos têxteis.

BROADWAY

Explore sem pressa a Greene Street antes de retornar para a Broome Street e andar um quarteirão para o leste até a **Broadway ❹**. Faça uma pausa aqui para apreciar o edifício **Haughwout** (488-492 Broadway), um palácio de cinco andares, com janelas em arco, colunas estriadas e cornijas salientes, tudo de ferro fundido. Construído em 1857 para o comerciante de porcelana Eder V. Haughwout, o prédio foi o primeiro a instalar o moderno "elevador de segurança", criado por Elisha Otis, uma invenção que abriu caminho para os arranha-céus que, por fim, dominariam o horizonte de Manhattan.

Além da Bloomingdale's

A Broadway exerce sobre compradores de gosto mais convencional uma atração maior que a West Broadway. Mesmo a cara Bloomingdale's (504 Broadway, perto da Broome Street), que abriu a primeira filial no Soho em 2004, abastece consumidores jovens de renda média.

Se estiver viajando com crianças, pare na **Scholastic Books** (557 Broadway), uma loja de varejo imensa e colorida, aberta pelo editor da série *Harry Potter* e de dezenas de outros títulos infantis famosos.

A alguns metros de distância fica o edifício **Little Singer** (561 Broadway), um prédio ornamentado de 12 andares, feito de terracota, aço e arabescos de ferro batido em 1904. O primeiro andar é ocupado por Kate's Paperie, fornecedor de artigos finos de papelaria.

Dean & Deluca

Do outro lado da rua, a loja de iguarias **Dean & Deluca** (560 Broadway) seduz *gourmets* de toda a cidade. O balcão do café é um bom lugar para um lanche, mas a fila de nova-iorquinos ávidos por cafeína pode ser bem longa.

Prada

Atravessando a Prince Street, num edifício que já foi ocupado por um ramo do museu Guggenheim, fica o templo da moda **Prada ❺** (575 Broadway), que remodelou o interior na forma de uma rampa em "U", que conecta o primeiro e o segundo andares. Vale a pena dar uma olhada lá dentro, mesmo se não puder comprar nada.

Quando estiver cansado de fazer compras, entre num dos muitos bares e restaurantes convidativos da área, como o **Balthazar**, ver ⑪④.

TRIBECA

Volte dez quarteirões na Broadway até chegar a Leonard Street. No fim dos anos 1970, artistas em busca de aluguéis baixos migraram para o sul, do Soho para **Tribeca** (**Tri**angle **Be**low **Ca**nal). Uma mistura eclética de armazéns reformados, colunas coríntias, condomínios altíssimos e ruas estreitas. As atrações de Tribeca podem ser facilmente cobertas numa manhã, sobrando bastante tempo para o que há de melhor em Tribeca: comer. Alguns dos melhores (e mais caros) bares e restaurantes de Manhattan estão aqui, mas os turistas inteligentes conseguem curtir a atmosfera do lugar por uma fração do preço, experimentando a comida durante o dia.

Leonard Street

Os exemplos da arquitetura mais sofisticada de Tribeca ficam na **Leonard Street** ❻. Logo a leste, está o edifício **Clocktower** (n. 108), que é o antigo edifício New York Life Insurance, reformado por Stanford White em 1898. No andar de cima, fica a estação de rádio via internet WPS1. Vire à direita e siga para o oeste ao longo da Leonard Street. No n. 74, há um bonito edifício de ferro fundido que hoje abriga a enorme casa de *shows* **Knitting Factory**.

Opções de restaurante

Dois quarteirões ao sul da Leonard Street, na West Broadway, fica o restaurante **Odeon**, ver ⑪⑤. A Leonard termina na Hudson Street. Na esquina da Hudson com a Harrison fica o enfeitado edifício **Mercantile Exchange** ❼, construído em 1884 como entreposto do comércio de ovos e manteiga. No primeiro andar, funciona o elegante e caro **Chanterelle**, ver ⑪⑥, lugar perfeito para almoçar ou jantar.

Como alternativa, ande meio quarteirão para o oeste na Harrison e depois dois quarteirões para o norte na Greenwich até o **Tribeca Film Center**, escritório do ator Robert De Niro e centro do Tribeca Film Festival. Embora o centro seja fechado ao público, você pode testar suas habilidades em almoços de altos negócios no **Tribeca Grill**, ver ⑪⑦.

Bazar urbano
A Canal Street, limite sul do Soho, é um bazar urbano apinhado de vendedores ambulantes e lojas de saldos que apregoam de brinquedos e quinquilharias a CDs, DVDs, eletrônicos, joias e miudezas industrializadas.

Onde comer

④ BALTHAZAR
80 Spring Street (perto da Crosby Street); tel.: 212-965-1414; diariamente, café da manhã e jantar, 2ª-6ª almoço; sáb.-dom. *brunch;* $$$
Cervejaria de estilo parisiense; é difícil imaginar o Soho sem ela.

⑤ ODEON
145 West Broadway (com Duane Street e Thomas Street); tel.: 212-233-0507; 2ª-6ª almoço; diariamente jantar; sáb.-dom. *brunch;* $$$
Um dos primeiros clubes noturnos de Tribeca, do tempo em que Warhol e Basquiat costumavam aparecer, esta cervejaria *art déco* tem sido, desde então, um dos principais restaurantes do bairro. Fica aberta a partir das 9h nos fins de semana (e do meio-dia em dias de semana) para refeições menos cheias de gente.

⑥ CHANTERELLE
2 Harrison Street (com Hudson Street); tel.: 212-966-6960; 3ª-sáb. Almoço; diariamente jantar; $$$$
O almoço a preço fixo neste luxuoso restaurante é o meio mais fácil de provar sua premiada cozinha francesa de preço extravagante.

⑦ TRIBECA GRILL
375 Greenwich Street (com Crosby Street); tel.: 212-941-3900; 2ª-6ª e dom. almoço e jantar; sáb. só jantar; $$$
O ator Robert De Niro e o *chef* Drew Nieporent são os donos. Os clientes reúnem-se aqui na esperança de ver celebridades do Tribeca Film Center conversando sobre os "bastidores" e fazendo negócios.

EAST VILLAGE E LOWER EAST SIDE

Faça um passeio por St. Mark's Place no East Village, compre novidades da moda em NoLita, passe pelas delicatéssen *e butiques do Lower East Side e visite o Tenement Museum.*

Os teatros do East Side
Além do Public, do Orpheum e do Astor Palace, o East Village também abriga o Bowery Poetry Club, o PS 122 e o La Mama Experimental Theatre.

Casas de *show*
Clubes como Mercury Lounge (217 East Houston Street), Arlene's Grocery (95 Stanton Street) e Bowery Ballroom (6 Delancey Street, na foto) apresentam bandas independentes quase toda noite.

DISTÂNCIA 4 km
DURAÇÃO Meio dia
INÍCIO St Mark's-in-the-Bowery
FIM Orchard Street
OBSERVAÇÕES
O melhor dia para este passeio é domingo, quando acontece a feira da Orchard Street. Mas, qualquer que seja o dia, não se esqueça de marcar com bastante antecedência sua visita ao Tenement Museum.

Esta parte de Manhattan corresponde a uma série de bairros que se sobrepõem e se chocam uns com os outros de uma forma alegre e vibrante. É difícil traçar limites aqui, já que mesmo as fontes locais têm dados diferentes; de qualquer modo, o Lower East Side Business Improvement District recentemente revisou suas linhas divisórias. O que essas áreas compartilham, além da proximidade, é uma singularidade bem-humorada, que inclui ótima comida, instinto étnico, elegância de vanguarda e moradores de hábitos peculiares. Passeie ou faça uma refeição por ali e entenderá o que queremos dizer.

Se quiser se fortificar com café e bolo antes de começar, experimente **Veniero's Pasticceria**, ver ⑪①, que fica perto do ponto de partida.

EAST VILLAGE

O passeio começa no **East Village**, que ainda guarda intacta sua característica boêmia mesmo anos depois de passar por um processo de sofisticação. No final dos anos 1960, este era o epicentro da contracultura da costa leste, onde Andy Warhol apresentava os *happenings* do Velvet Underground, e o clima de clubes noturnos, como o mal-afamado Electric Circus, era carregado de luzes e alucinógenos psicodélicos.

Mas o East Village é muito mais velho que isso. A igreja de **St. Mark's-in-the-Bowery** ❶, onde começa este passeio, foi construída em 1799 num terreno pertencente a Peter Stuyvesant, o último governador holandês de Nova York. Stuyvesant está enterrado num cemitério próximo.

As casas de tijolos vermelhos em estilo anglo-italiano que ficam do outro lado da igreja, na East 10th Street e na Stuyvesant Street, que muda de direção fazendo um ângulo em relação à Second Avenue, formam o coração do **distrito histórico de St. Mark's**, que remonta aos séculos XVIII e XIX.

Cooper Square

No final da Stuyvesant Street, fica **Cooper Square**. Adiante, encontra-se uma estrutura imensa de arenito castanho-

-avermelhado, a **Cooper Union** ❷, fundada pelo inventor e empresário Peter Cooper em 1859 para ser uma faculdade para os menos favorecidos (ainda é gratuita). Em 1860, Abraham Lincoln fez aqui seu famoso discurso "O poder faz o direito", consolidando a luta por sua indicação à presidência.

St. Mark's Place
Vire e siga pela "rua principal" do East Village, **St. Mark's Place** ❸. A postura aqui é uma mistura alegre de vários radicalismos políticos. Os cafés nas calçadas ficam cheios de gente, e o clima de mercado se intensifica com os ambulantes que vendem camisetas, bijuterias e DVDs piratas. Há um número grande de bares e restaurantes cheios de figuras do lugar que, há anos, frequentam a **McSorley's Old Ale House**, ver 🍴②, um quarteirão ao sul.

Public Theater
Saindo da McSorley's, vire à direita e atravesse a Cooper Square. Alguns passos ao norte, pela Fourth Avenue, levam ao **Astor Place** ❹, onde há um lindo quiosque de metrô feito de ferro fundido e também um cubo preto de Tony Rosenthal, chamado *O álamo*.

Ande para o sul na Lafayette Street até o **Joseph Papp Public Theater** ❺, sediado no prédio da majestosa Astor Library, construída no fim do século XIX. Fundado pelo empresário Joe Papp em 1954, esse teatro se dedica à encenação tanto de Shakespeare como de peças novas, algumas das quais se tornaram mundialmente famosas, como *Hair* e *A Chorus Line*.

Do outro lado da rua, está outro destaque arquitetônico construído em 1831: o **Colonnade Row**, que abriga o **Astor Place Theatre**, onde se apresenta o Blue Man Group.

Onde comer 🍴

① VENIERO'S PASTICCERIA
342 East 11th Street (perto da First Avenue); tel.: 212-674-7070; dom.-5ª das 8h à meia-noite; 6ª-sáb. das 8h à 1h da manhã; $
Clássica confeitaria italiana e café fundados em 1894.

② MCSORLEY'S OLD ALE HOUSE
15 East 7th Street (perto da Third Avenue); tel.: 212-474-9148; 2ª-sáb. das 11h à 1h da manhã; dom. das 13h à 1h da manhã; $
Em funcionamento desde a década de 1850, este bar clássico de Nova York ainda usa serragem no piso.

Acima, da esquerda para a direita:
O álamo, de Tony Rosenthal, em Astor Place; fazendo hora em Alphabet City; Veniero's Pasticceria; MacSorley's Old Ale House.

Alphabet City
Logo ao lado de Tompkins Square Park fica a Alphabet City, que recebeu esse nome por causa das avenidas A, B, C e D. Esse lugar já foi famoso pela criminalidade e pela pobreza; hoje, muitas das favelas foram substituídas por restaurantes e bares que atraem o público jovem.

Acima, da esquerda para a direita: Little Italy; cozinha do final do século XIX no Tenement Museum do Lower East Side.

Chinatown
Um dos bairros mais vibrantes de Manhattan e ótimo lugar para comer, Chinatown começou nos anos 1870, quando ferroviários chineses vieram da Califórnia. O melhor lugar para aprender sobre este bairro é o pequeno Museum of Chinese in the Americas (70 Mulberry Street).

Interlúdio histórico

Se for fã de história, vire à esquerda, na East 4th Street, em direção ao **Merchant's House Museum** ❻ (29 East 4th Street; tel.: 212-777-1089; 5ª-2ª, 12h-17h; pago). Construído em 1832, esse sobrado neoclássico foi o lar da família Tredwell até a década de 1930. Vários cômodos e um jardim "secreto" fazem as vezes de cápsula do tempo da vida das classes altas no século XIX e no início do século XX.

NOLITA E LITTLE ITALY

Continue quatro quarteirões para o sul na Lafayette até chegar a East Houston Street. A área logo ao sul da Houston é um recanto divertido, cheio de vida e de butiques, conhecido como **NoLita**. A **Mulberry Street** ❼ é o coração desse templo das lojas de vanguarda, e há inúmeros bares e restaurantes nas ruas laterais da vizinhança.

A **velha catedral de São Patrício** ❽ foi o centro da arquidiocese católica até 1879, quando terminou a construção da "nova" catedral de São Patrício na 5ª Avenida. As missas eram rezadas em italiano, o que enfatizava que essa parte da cidade se localiza em **Little Italy** ❾.

Embora NoLita (North of Little Italy) e **Chinatown** (*ver margem, à esquerda*), mais ao sul, tenham invadido seus limites, Little Italy ainda é um lugar especial para uma refeição, principalmente durante a festa de San Genaro, um evento anual de 10 dias realizado em setembro. Siga adiante na Mulberry Street para apreciar o ambiente e restaurantes, como **Da Nico**, ver ⓾③.

LOWER EAST SIDE

O Lower East Side inclina-se para o sul da East Houston Street até o rio East. Foi onde os imigrantes judeus da Europa Oriental se estabeleceram no final do século XIX. Na virada para o século XX, este era o lugar mais densamente povoado do mundo, com uma pessoa a cada 4 m² em suas míseras ruas.

Hoje, podemos ver lojas chinesas e hispânicas que, apesar de manterem os nomes judeus, demonstram que o bairro ainda atrai recém-chegados, uma tradição que continuou com o advento das butiques, dos bares e dos hotéis da moda que prosperam em volta das ruas Orchard, Ludlow e Rivington.

Bowery

A leste de NoLita e Little Italy, fica a **Bowery** ❿, uma longa rua de traçado norte-sul que deu nome a esta parte do Lower East Side. Considerada durante anos a favela de Manhattan, esta

---

Onde comer

③ DA NICO
164 Mulberry Street; tel.: 212-343-1212; diariamente, almoço e jantar; $$
Restaurante no velho estilo Little Italy onde se pode encontrar o ex-prefeito Rudolph Giuliani.

④ THE ORCHARD
162 Orchard Street; tel.: 212-353-3570; diariamente, café da manhã, almoço e jantar; $
Café aconchegante com janelas enormes no andar de cima e cozinha leve e saborosa. Cai bem antes ou depois de uma visita ao Tenement Museum, que fica próximo.

⑤ KATZ'S DELICATESSEN
205 East Houston Street (com Ludlow Street); tel.: 212-254-2246; diariamente, café da manhã, almoço e jantar; $$
Esta delicatéssen judaica é uma instituição nova-iorquina, e o espaço gigantesco frequentemente fica cheio. Talvez você reconheça o lugar se lembrar da cena do orgasmo simulado em *Harry e Sally, feitos um para o outro*.

famigerada e deprimente faixa de terra está recebendo o mesmo tratamento do Soho, à medida que se abrem clubes noturnos finos, lojas de grife e *lofts* de milhões de dólares no meio de cortiços e botecos.

Para reforçar essa revitalização lá está o **New Museum of Contemporary Art** ⑪ (235 Prince Street; <www.new-museum.org>; 4ª, sáb. e dom., 12h-18h; 5ª e 6ª até as 22h; pago).

Tenement Museum
Saindo do museu de arte, siga dois quarteirões para o sul e vire à esquerda na Delancey Street. Cinco quarteirões à frente fica a Orchard Street; no n. 108, na esquina, está a recepção do **Lower East Side Tenement Museum** ⑫ (tel.: 212-431-0233; visitas guiadas diárias; pago). O museu é, na verdade, um passeio temático pela casa de cômodos do n. 97, construída em 1863. Durante sete décadas, esse prédio abrigou mais de 7 mil pessoas de cerca de 20 países. O prédio só pode ser visto em visitas guiadas, e os lugares geralmente se esgotam várias horas antes. Os horários variam, por isso, ligue antes ou visite o site para fazer reserva. Todos os dias, um número limitado de ingressos fica disponível na recepção.

Da Orchard Street para a Houston Street
A melhor maneira de conhecer mais desse bairro é subir a Orchard Street do museu até a Houston Street. Se possível, vá num domingo, quando a Orchard vira um bazar a céu aberto (muitas lojas fecham na sexta à tarde e no sábado, observando o sabá judaico).

Antigamente lotado de ambulantes que vendiam roupas baratas, hoje o **Orchard Street Market** é famoso por vender roupas, tecidos, bolsas e sapatos de grife com desconto. Ao longo do caminho, estão butiques excêntricas e lojas de roupas de época, algumas com pequenas galerias de arte nos fundos. Há também vários cafés excelentes nessa rua, incluindo **The Orchard**, ver 🍴④.

Uma alternativa para a hora da refeição é a **Katz's Delicatessen**, ver 🍴⑤, um lugar maravilhoso para terminar este passeio, se chegar com muito apetite.

Sunshine Theater
Relaxe, coma biscoitos feitos no local e assista a filmes no cinema Sunshine, 143 East Houston Street, entre a First e a Second.

Petiscos baratos

Nenhum passeio pelo Lower East Side fica completo sem uma visita a algumas delicatéssen, padarias e lojas de balas do bairro. Encha o tanque depois de um longo dia de caminhada na Yonah Schimmel Bakery (137 East Houston St.), onde *knishes* – massa recheada com batata, espinafre ou *kasha* – são assados em forno de tijolos. A alguns quarteirões de distância, pode-se comprar fatias de salmão defumado finas como uma folha de papel, caviar e arenque no Russ & Daughters (179 E. Houston). Na Essex com Rivington, fica o Essex Street Market, onde os feirantes vendem verduras, legumes, frutas, carnes e muito mais. Virando a esquina, a Economy Candy (108 Rivington St.) vem satisfazendo as formiguinhas de Nova York desde os anos 1930, e a recém-chegada Sugar Sweet Sunshine (126 Rivington St.) fabrica bolos e bolinhos com nomes bem fofinhos. Se estiver perto do Tenement Museum, tome um sorvete em Il Laboratorio del Gelato (95 Orchard St.) ou prove picles salgadinhos e com alho em Guss' Pickles (85 Orchard St.), em funcionamento desde 1910. A mais ou menos três quarteirões, Kossar's Bialys (367 Grand St.) abastece os devotos com *bagels* e *bialys* (pãezinhos) quentes e macios.

LOWER MANHATTAN

Um passeio pelo distrito financeiro, incluindo a bolsa de valores de Nova York, o Federal Hall, a igreja da Trindade e o lugar onde ficava o World Trade Center; mais uma caminhada na beira do rio Hudson e uma visita ao porto marítimo da South Street.

DISTÂNCIA 4 km
DURAÇÃO Um dia inteiro
INÍCIO Stock Exchange
FIM South Street Seaport
OBSERVAÇÕES
Embora este passeio facilmente se estenda por um dia inteiro, talvez você prefira fazer a primeira parte pela manhã, incluindo um almoço no World Financial Center, e depois pegar o *ferry* no Battery Park à tarde para ir à Estátua da Liberdade e ilha de Ellis ou à ilha Staten (itinerário 16).

Lower Manhattan é a Nova York original, onde as ruas sinuosas conduziam a cais internacionais movimentados. Hoje, essas vias estreitas são ladeadas pelos altíssimos templos das finanças, por museus comoventes, igrejas elegantes e, a leste, por um *playground* familiar ao ar livre, com veleiros antigos e lojas.

Comece o passeio no coração do distrito financeiro: do lado de fora do imponente templo neoclássico que abriga a **New York Stock Exchange** ❶, na Broad Street, a poucos passos de Wall Street. Dentro, o andar onde se realizam os negócios é um frenesi de corretores gritando, computadores cintilando e papéis voando em todas as direções; é a montanha-russa de compra e venda que mantém a economia americana em grande atividade.

Você sabia?
A Wall Street recebeu esse nome por causa de uma paliçada de madeira erguida pelos colonizadores holandeses para manter os vizinhos britânicos bem distantes.

WALL STREET

Por razões de segurança, a bolsa de valores já não fica aberta para visitação. Então, ande até a esquina da Wall Street e vire à direita na direção do **Federal Hall** ❷, uma construção neoclássica de 1842 no local em que ficava o British City Hall. George Washington foi empossado como primeiro presidente do país aqui, em 1789, uma data celebrada pela estátua que fica no topo dos degraus. No interior, há exposições gratuitas sobre a história americana, com ênfase no papel da cidade de Nova York e de seus muitos moradores importantes.

Quem gosta de história talvez queira visitar o **Museum of American Finance** ❸ (48 Wall Street; tel.: 212-908-4110; <www.financialhistory.org>; 3ª-sáb., 10h-16h; pago), que se mudou em 2008 para a antiga sede do Bank of New York, situada do outro lado da William Street, saindo do Federal Hall.

Igreja da Trindade

Volte cerca de três quarteirões na Wall Street até chegar a Broadway, onde a torre gótica do sino da **Igreja da Trindade** ❹ se eleva como um ponto de exclamação. Em volta da igreja, estão alguns dos túmulos mais antigos da cidade: o cemitério é uma crônica serena de três séculos da história de

Nova York. O mais famoso dos residentes do cemitério é Alexander Hamilton, o primeiro secretário do tesouro americano, morto em 1804 num duelo por seu rival político Aaron Burr.

Antes de seguir em frente, dê uma espiada no saguão do bonito **Bank of New York** ❺ (antigamente, Irving Trust Co.) no n. 1 da Wall Street. É um tesouro *art déco*, com uma fachada cinza ondulada, e brilhantes mosaicos vermelhos e dourados.

O LOCAL DO WTC

Siga a Broadway para o norte, depois, vire à esquerda na Liberty Street para uma visita sombria ao **Tribute WTC Visitor Center** ❻ (tel.: 866-737-1184; <www.tributenyc.org>; 2ª e 4ª-sáb., 10h-18h; sugere-se doação), parte do **World Trade Center Site**. Fundada no final de 2006, essa organização sem fins lucrativos se estabeleceu depois da tragédia de 11 de setembro de 2001 para facilitar o contato entre as pessoas

Acima, da esquerda para a direita: vista aérea de Lower Manhattan; funcionário de banco em Wall Street; o píer 17 no South Street Seaport; bolsa de valores de Nova York.

WORLD TRADE CENTER SITE **89**

O banco do presidente
Durante o breve tempo em que morou em Nova York depois da posse, George Washington assistia ao culto na capela de São Paulo. O banco onde ele rezava continua na igreja.

Abaixo: *Um ícone da esperança,* no Battery Park.

mais afetadas. O centro é composto de cinco galerias temáticas. Um documentário sobre a vida antes do ataque apresenta testemunhos de ex-funcionários e moradores, já as outras galerias se concentram nos acontecimentos conforme eles se desenrolaram no resgate e na operação de limpeza. A visita a esse memorial comovente pode ser completada por um passeio pelo resto do canteiro de obras onde está sendo construída a **Freedom Tower**, conduzido por um voluntário da comunidade do 11 de setembro.

Pode-se encontrar outra experiência contemplativa andando dois quarteirões para o norte na Church Street e, em seguida, um quarteirão para leste na Fulton Street até a **capela de São Paulo** ❼ (209 Broadway), a igreja mais antiga da cidade, construída em 1766. Mais modesta que a igreja da Trindade, a capela de São Paulo é de estilo georgiano precoce e também tem um cemitério tranquilo. Abriga um memorial.

WORLD FINANCIAL CENTER

Volte para a Liberty Street e continue para o oeste, na direção do rio Hudson. Uma passarela de pedestres desvia o caminho para a esquerda e conduz ao **World Financial Center** ❽ por cima da via expressa. Aqui, algumas lojas e restaurantes estão reunidos em torno do **Winter Garden**, uma enorme praça de mármore com palmeiras sob um telhado de vidro abobadado, num local parecido com um *shopping*. Se tiver sorte, pode ser que pegue um concerto ou outro evento na hora do almoço. Do contrário, aproveite a oportunidade para comprar alguma coisa para comer no **Au Mandarin**, ver ⑪①, ou armazene energias para continuar o resto do passeio no **Elixir Juice Bar**, ver ⑪②.

HUDSON RIVER ESPLANADE

Uma caminhada conduz ao **Museum of Jewish Heritage** ❾ (18 First Place; tel.: 646-437-4200; <www.mjhnyc.org>; dom.-4ª, 10h-17h45; 5ª, 10-20h; 6ª, 10h-13h; pago). O museu foi aberto próximo ao primeiro lugar onde, em 1654, os judeus puseram os pés na América do Norte. As exposições extraem de um rico conjunto de histórias e artefatos pessoais o material para apresentar a história do povo judeu e contextualizar o Holocausto na história do século XX.

Atravessando Battery Place, o intrigante **Skyscraper Museum** ❿ (39 Battery Place; tel.: 212-945-6324; <www.skyscraper.org>; 4ª-dom., 12h-18h; pago) explora a história e a tecnologia dos arranha-céus.

Battery Park

Siga por Battery Place até o **Battery Park** ⓫, na extremidade sul de Manhattan. Em seus 8 ha, estão jardins, caminhos e monumentos, incluindo uma escultura esférica de bronze que foi retirada dos escombros da World Trade Center Plaza e reinstalada aqui como um memorial de 11 de setembro. Ela se chama *Um ícone da esperança*.

Na beira do rio, fica o **Castle Clinton** ⓬ (diariamente, 8h30-17h; grátis), um forte de pedra construído para defesa contra os britânicos durante a escalada de acontecimentos que culminou na guerra de 1812 e, mais tarde, usado como teatro, posto de imigração e aquário. Hoje, é um pequeno museu e serve de bilheteria para os *ferries* que levam à **Estátua da Liberdade** e à **ilha de Ellis** (*ver pp. 92-93*).

Museum of the American Indian

Do outro lado do Battery Park, atravessando a State Street, fica o **National Museum of the American Indian** ⓭ (1 Bowling Green; tel.: 212-514-3700; <www.nmai.si.edu>; 2ª-4ª, 6ª-dom., 10h-17h; 5ª, 10h-20h; grátis), numa alfândega de estilo belas-artes projetada por Cass Gilbert no início do século XX. O museu exibe as principais peças da vasta coleção de arte dos índios americanos que pertence à Smithsonian Institution.

Bowling Green

A frente do museu dá para uma praça calçada de pedra conhecida como **Bowling Green**, o parque mais antigo de Nova York, local onde se encontra o maciço *Charging Bull*, de 3 toneladas de bronze, criado em 1989 por Arturo Di Modica. Num gesto de generosidade não reprimida (e não autorizada), o escultor instalou a peça do lado de fora do prédio da bolsa de valores. Depois de brigar na justiça, a cidade conseguiu transferi-la para cá. Os corretores da bolsa acreditam que esfregar o touro traz boa sorte para o mercado de capitais.

SOUTH STREET SEAPORT

Saindo de Bowling Green, a State Street faz uma curva e passa por Whitehall Street e **Staten Island Ferry Terminal** (*ver p. 93*), até chegar a Water Street, onde se pode pegar um táxi, um ônibus ou andar até a Fulton Street e, então, virar à direita na direção do **South Street Seaport Museum** ⓮ (12-14 Fulton Street; tel.: 212-748-8600; <www.southstreetseaport.com>; diariamente das 10 às 18h).

Este não é um museu convencional. O porto marítimo é um setor histórico de 11 quarteirões às margens do rio East e combina lojas, restaurantes, navios antigos e exposições náuticas. Em meados do século XIX, era o porto mais movimentado do país.

Os velhos navios dos píeres 15 e 16 são a principal atração histórica. Perto dali, fica o **Pier 17 Pavilion**, com lojas, cafés e praça de alimentação com vista para a **ponte do Brooklyn**. Próximo fica **Schermerhorn Row**, construído em 1810-1812 para abrigar escritórios e armazéns de comércio marítimo, hoje, uma galeria para exposições.

Há algumas lanchonetes e outros restaurantes informais no porto, mas, para as melhores vistas, é difícil errar no **Harbour Lights**, ver 🍴③.

Acima, da esquerda para a direita: Winter Garden, no World Financial Center; *Peking,* um brigue de quatro mastros, no South Street Seaport.

Fervor patriótico
Em 1776, exaltada pela leitura da *Declaração de Independência,* uma multidão derrubou a estátua do rei Jorge III que ficava em Bowling Green e a derreteu para confeccionar balas de mosquete, que supostamente serviram para atirar contra tropas britânicas.

Onde comer 🍴

① AU MANDARIN
World Financial Center (200-250 Vesey Street); tel.: 212-385-0313; diariamente, almoço e jantar; $$
A comida neste fino restaurante chinês é superior à que geralmente se encontra nas lojas de *fast-food* para viagem. É um local muito apreciado pelos corretores e uma boa escolha para uma refeição rápida e saborosa à mesa.

② ELIXIR JUICE BAR
Two World Financial Center; 225 Liberty Street; tel.: 212-945-0400; diariamente, das 7 às 19h; $
Este lugar prepara, para viagem, vitaminas que praticamente valem por uma refeição e, de acordo com os proprietários, ajudam a curar uma grande variedade de problemas, de mau hálito à artrite.

③ HARBOUR LIGHTS
South Street Seaport, Pier 17, 3º andar; tel.: 212-227-2800; diariamente, almoço e jantar; sáb.-dom., *brunch*; $$
A vista espetacular da ponte do Brooklyn torna ainda melhor o sabor dos pratos de carne com frutos do mar.

ESTÁTUA DA LIBERDADE E ILHA DE ELLIS

Pare para tomar um café e comer doces e salgados perto de Wall Street e embarque no ferry que leva à estátua monumental e ao local histórico que recebeu mais de 12 milhões de pessoas durante a era da grande imigração para os Estados Unidos.

Pele sensível
A pele de cobre da Estátua da Liberdade foi trabalhada até atingir menos de 3 mm de espessura, mas pesa mais de 90 toneladas.

DISTÂNCIA 5 km
DURAÇÃO Meio dia
INÍCIO Stone Street
FIM Battery Park
OBSERVAÇÕES

Os *ferries* para a Estátua da Liberdade e a ilha de Ellis partem do Battery Park, em Lower Manhattan, a cada 20 ou 30 minutos, aproximadamente, das 9h30 às 17h (há variação de acordo com a estação do ano). Os ingressos podem ser comprados no Castle Clinton. Considere a possibilidade de fazer um piquenique, pois as opções de alimentação são limitadas no *ferry* e caras nas ilhas.

Há visitas gratuitas diárias, guiadas pelos guardas do parque nas duas ilhas. Para visitar a Estátua da Liberdade, são necessários passes fornecidos nas bilheterias conforme os visitantes vão chegando, mas é possível reservar pelo telefone (866-782-8834) ou *on-line* em <www.statuereservations.com>.

A primeira parada deste passeio é na **Financier Patisserie**, ver ⑪①, na **Stone Street**, para se preparar para o dia tomando um café e comendo doces e salgados. Quando estiver satisfeito, vá para o sul até o **Battery Park** ❶ e embarque no *ferry* para a Estátua da Liberdade.

ESTÁTUA DA LIBERDADE

A segunda parada do passeio é na **Estátua da Liberdade** ❷ (ilha da Liberdade; <www.nps.gov/stli>; tel.: 212-363-3200; *ferries* diariamente, aproximadamente das 9h30 às 17 horas; *ferry* pago) ou, chamando-a pelo nome completo, na *Estátua da Liberdade iluminando o mundo*. Ela foi um presente do povo da França, concebida por Edouard-René Lefebvre de Laboulaye, um gaulês admirador da democracia americana.

De Laboulaye transmitiu seu entusiasmo ao escultor Frédéric-Auguste Bartholdi, que não só projetou o monumento como assumiu a liderança para levantar os fundos necessários para a construção. O engenheiro Gustave Eiffel, para a Exposição Universal de 1889, projetou a armação que sustenta a camada externa de cobre.

A estátua foi concluída na França em julho de 1884 e chegou ao porto de Nova York em junho de 1885, a bordo da fragata francesa *Isère*. Durante a travessia, *Lady* Liberty, sua coroa, sua tocha, seu livro e outros acessórios foram desmontados em 350 pedaços empacotados em 214 caixotes. Foram necessários quatro meses para remontar a estátua toda. Em 28 de outubro de 1886, o presidente Grover Cleveland a inaugurou diante de milhares de espectadores.

A ILHA DE ELLIS

Depois de visitar a estátua, o *ferry* continua até a **ilha de Ellis** ❸, que durante 62 anos, de 1892 a 1954, foi a porta de entrada dos Estados Unidos, conhecida como "ilha das lágrimas", em virtude do estresse causado nos imigrantes pelos exames médicos – mentais, de escrita e de leitura – impostos a eles. Hoje, mais de 100 milhões de americanos descendem dos cerca de 12 milhões de imigrantes que aportaram na ilha de Ellis.

O museu da imigração

Depois do fechamento, em 1954, deixaram que o principal prédio da ilha se transformasse em ruínas. Ele foi restaurado por fundos particulares que somaram 156 milhões de dólares e, em 1990, reaberto como **Ellis Island Immigration Museum** (tel.: 212-363-3200; <www.ellisisland.org>; mesmos *ferries* da Estátua da Liberdade; *ferry* pago), que narra a história da ilha. As exposições estão distribuídas em três andares e incluem fotografias e gravações de áudio que recriam o processo de entrada no país.

Depois do passeio, reserve um tempo para apreciar a vista de Manhattan no horizonte antes de pegar o *ferry* de volta para lá.

FERRY PARA A ILHA STATEN

Pegar o **Staten Island Ferry** ❹ talvez seja o melhor negócio que o turista possa fazer em Nova York. A viagem gratuita de 20 minutos transporta os passageiros do Whitehall Terminal, adjacente ao Battery Park, para o St. George Terminal na ilha Staten. As vistas da Estátua da Liberdade e de Lower Manhattan são excelentes e especialmente inspiradoras à noite.

Acima, da esquerda para a direita: American Immigrant Wall of Honor, na ilha de Ellis; Lady Liberty; fotos de imigrantes no museu da imigração da ilha de Ellis; o museu visto do *ferry*.

Abaixo: o *ferry* para a ilha Staten proporciona vistas soberbas – gratuitamente.

Onde comer

① **FINANCIER PATISSERIE**
62 Stone Street (com Mill Lane); tel.: 212-344-5600; 2ª-sáb., café da manhã e almoço; $
Comece o dia com café e uma variedade de tortas, *croissants* e doces neste delicioso café numa rua lateral calçada de pedras, fechada ao tráfego. O almoço é ótimo também, com sopas, saladas e sanduíches na chapa. Mesas externas cobertas por guarda-sóis dão ao lugar um autêntico ar parisiense.

BROOKLYN

Pegue o metrô para o subúrbio e relaxe com os moradores do Brooklyn no Prospect Park, onde ficam o jardim botânico do bairro e seu maravilhosamente eclético museu de arte.

Coney Island
Localizada na extremidade sul do Brooklyn, entretém os nova-iorquinos desde os anos 1860. Há parques, praia e os cachorros quentes de Nathan's Famous.

DISTÂNCIA 2,5 km
DURAÇÃO De meio dia a um dia inteiro
INÍCIO/FIM Grand Army Plaza
OBSERVAÇÕES
Este passeio se concentra na área do Prospect Park. Para chegar ao ponto de partida, pegue o trem 2 ou 3 para Grand Army Plaza. Se quiser passar mais tempo no Brooklyn, inclua uma caminhada turística pela ponte e/ou uma visita a uma das muitas localidades do bairro, como Brooklyn Heights ou DUMBO.

Onde comer

① ROSE WATER
787 Union Street; tel.: 718-783-3800; diariamente, jantar; sáb.-dom., *brunch* (das 10h às 13h); $$-$$$
O Rose Water tem um salão de jantar informal e uma varanda coberta e oferece comida americana da estação, preparada com ingredientes orgânicos de qualidade. O cardápio do *brunch* a preço fixo no fim de semana, com ovos batidos bem fofos, *waffles* e rabanadas macias, é o preferido dos moradores despreocupados do bairro.

② APPLEWOOD
501 11th Street; tel.: 718-768-2044; 3ª-sáb., jantar; dom., *brunch*; $$-$$$
Este restaurante despretensioso tem uma bonita varanda com plantas e serve uma comida excelente, com ênfase em ingredientes da estação, eticamente comprados de produtores locais. É uma ótima escolha para uma refeição no fim do dia (a partir das 17 horas) ou para um *brunch* no domingo. Comece com o pão caseiro quentinho, continue com o delicado bacalhau de Chatham ou o suculento e saboroso frango caipira assado, e termine com clássicos – como o suflê de chocolate – lindamente apresentados.

O Brooklyn é o distrito mais populoso da cidade, ligado a Lower Manhattan pela admirável **Brooklyn Bridge**. Inaugurada em 1883 e chamada de "oitava maravilha do mundo", a construção dessa ponte suspensa por cabos foi um desafio e um prodígio, apesar da marca da tragédia (12 pessoas morreram no dia da inauguração).

O Brooklyn é composto de muitas localidades, algumas delas datam dos tempos da ocupação holandesa no século XVII. Uma área sempre cobiçada é a **Brooklyn Heights**; a **Brooklyn Heights Promenade** tem lindos sobrados de um lado e vistas de Manhattan e do rio East do outro.

Quando o Soho ficou muito caro, os artistas cruzaram o rio e instalaram-se em *lofts* em DUMBO (**D**own **U**nder the **M**anhattan **B**ridge **O**verpass) e, depois, foram para **Williamsburg** e **Red Hook**. Qualquer uma dessas áreas vale uma visita durante a tarde, passando por galerias e lojas.

Como o Brooklyn é enorme, este passeio se concentra nas atrações da área do Prospect Park.

PROSPECT PARK

Comece na **Grand Army Plaza** ❶, uma praça monumental com um arco do triunfo que serve de entrada para os 237 ha do **Prospect Park**.

O parque foi projetado em 1866 por Frederick Law Olmsted e Calvert Vaux, e muitos acham que ele supera as realizações desses dois arquitetos no Central Park (*ver p. 44*), projetado por eles oito anos antes. Uma caminhada curta leva até **Long Meadow** ❷, um trecho de gramados suavemente inclinados.

JARDIM BOTÂNICO

Volte para a Grand Army Plaza e faça uma pequena caminhada para leste na Eastern Parkway até o **Brooklyn Botanic Garden 3** (tel.: 718-623-7200; <www.bbg.org>; 3ª-6ª, 8h-16h30; sáb.-dom., 10h-16h30; horário ampliado no verão; pago), composto de 21 ha, com um programa de concertos e festivais.

MUSEU DE ARTE DO BROOKLYN

O **Brooklyn Museum of Art** ❹ (tel.: 718-638-5000; <www.brooklynmuseum.org>; 4ª-6ª, 10h-17h; sáb.-dom., 11h-18h; pago) também é acessível pela Eastern Parkway e, considerando a cidade de Nova York, só perde em tamanho para o MET. Há 28 salas de época e um incomum jardim externo de esculturas. Eruditos e fãs de arte de todo o mundo vêm aqui para estudar o respeitável acervo egípcio.

Todo primeiro sábado do mês, o museu amplia o horário de funcionamento até as 23 horas. O alvoroço é grande, pois a entrada é gratuita, há música e dança no saguão e vinho servido no café do museu, que fica aberto até tarde.

ONDE COMER

Se quiser uma refeição, há opções ótimas, especialmente se estiver procurando produtos locais. Para ir ao **Rose Water**, ver ⑪①, volte à Grand Army Plaza e ande três quarteirões a noroeste na Union Street. Para chegar ao **Applewood**, ver ⑪②, saia da extremidade oeste do Prospect Park e pegue a 11th Street para o noroeste.

Acima, da esquerda para a direita:
a ponte do Brooklyn; DUMBO é uma área apreciada pelos artistas; *George Washington*, de Gilbert Scott, no Brooklyn Museum of Art; a esplanada das cerejeiras no Botanic Garden.

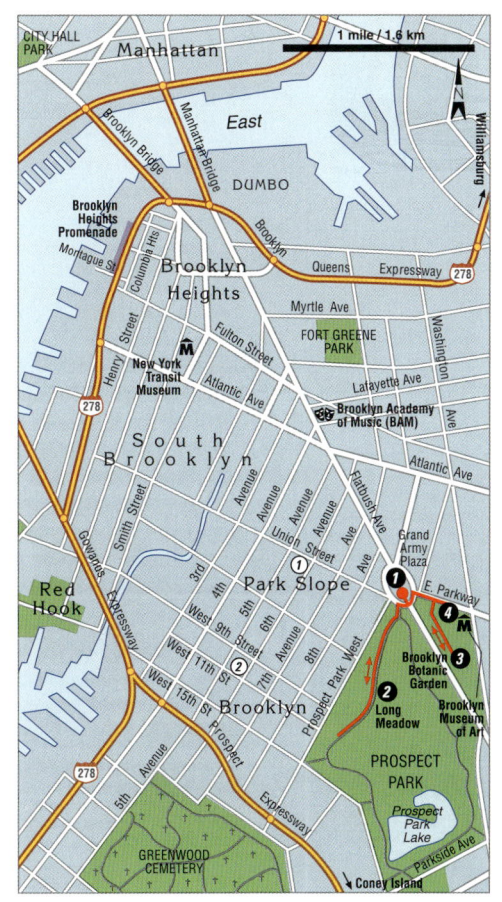

PROSPECT PARK 95

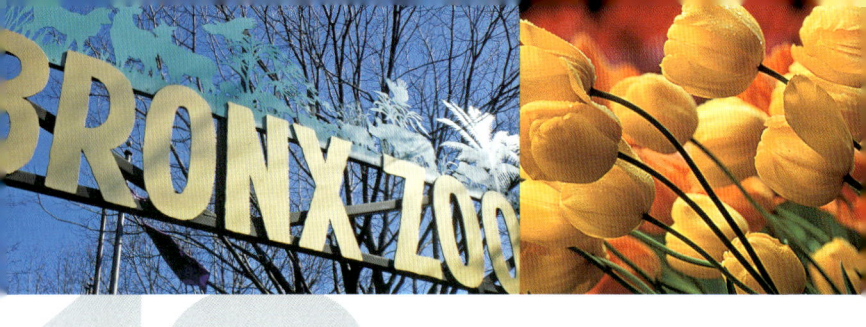

BRONX

Faça uma excursão de um dia inteiro ao Bronx, para um passeio por um dos principais centros botânicos do mundo, uma visita ao maior zoológico urbano do país e um jantar na "outra" Little Italy de Nova York.

DISTÂNCIA 5 km
DURAÇÃO De meio dia a um dia inteiro
INÍCIO Botanical Garden Station
FIM Fordham Road Station
OBSERVAÇÕES

Para ir ao jardim botânico, pegue a linha local Metro-North Harlem, do Grand Central Terminal, para a Botanical Garden Station. A viagem demora 20 minutos (tel.: 212-532-4900 ou <www.mta.info>, para o quadro de horários). Para voltar para o Grand Central, vindo da Arthur Avenue, ande – ou tome um táxi – até a Fordham Road Station (417 East Fordham Road com Third Avenue). Não esqueça que o jardim fecha às segundas-feiras e que determinadas atrações do zoológico fecham no inverno, quando alguns animais hibernam.

Pelham Bay Park e City Island

No litoral leste do Bronx, onde o rio East encontra o estreito de Long Island, fica o Pelham Bay Park, o maior de Nova York. Uma ponte leva do parque até City Island, uma comunidade que lembra uma vila da Nova Inglaterra.

Onde comer

① DOMINICK'S
2335 Arthur Avenue (com 187th Street); tel.: 718-733-2807; diariamente, almoço e jantar; $$
Os fãs do Dominick's afirmam que esta é a verdadeira Little Italy. Não há cardápio; o garçom diz tudo o que se precisa saber. Não há conta no final; simplesmente avaliam o cliente e comunicam um valor.

② ROBERTO'S
632 Crescent Avenue (com 186th Street); tel.: 718-733-9503; 3ª-6ª, almoço e jantar; sáb.-dom., jantar; $$
Vestido com seu uniforme branco, Roberto sai da cozinha para conhecer e cumprimentar os clientes; já sua mãe, com as mãos cheias de farinha, diz olá enquanto prepara as massas. Uma autêntica amostra da vida italiana.

Em 1641, o escandinavo Jonas Bronck comprou dos nativos 200 ha de terras no Novo Mundo. Depois de construir sua casa em terra virgem, ele e a família concluíram que a área era remota e isolada e começaram a dar festas para reunir os amigos. A terra nativa era chamada de Keskeskeck (ou Rananchqua, na língua nativa Siwanou), mas seu nome foi mudado, diz a lenda, pelos habitantes de Manhattan que perguntavam aos amigos "aonde vocês vão no sábado à noite?" e recebiam a resposta "ora, na casa dos Broncks".

A validade da anedota é questionável, mas a área realmente foi uma floresta virgem e começou a ser ocupada pela fazenda de Jonas. Parte da floresta original de coníferas ainda subsiste no Bronx Park, que inclui o zoológico e também o New York Botanical Garden, com 100 ha, onde este passeio se inicia.

JARDIM BOTÂNICO

Saindo da estação Botanical Garden, atravesse o Kazimiroff Boulevard até o Mosholu Gate do **New York Botanical Garden** ❶ (tel.: 718-817-8700; abr.-out.: 3ª-dom., 10h-18h; nov.-mar.: 3ª-dom., 10-17h; pago). Mais de 40 jardins especializados oferecem um santuário acolhedor para quem vem do ritmo frenético da vida

Acima, da esquerda para a direita: Bronx Zoo; New York Botanical Garden; Belmont é a Little Italy do Bronx; vá até a Arthur Avenue para fazer uma refeição italiana.

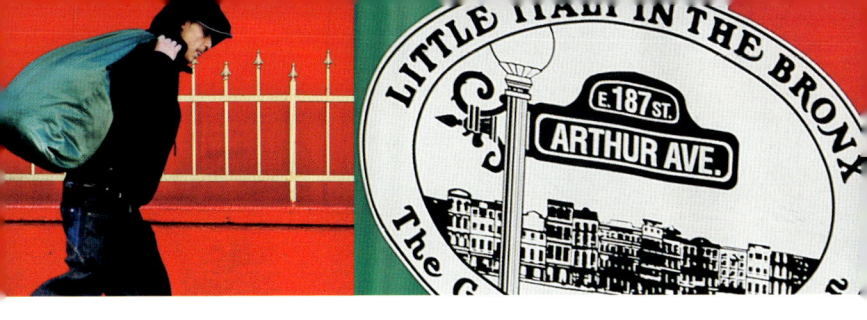

urbana; o jardim é particularmente atraente na primavera, quando as cerejeiras e outras plantas estão em plena floração. Os destaques ficam por conta de **Enid A. Haupt Conservatory**, de um palácio de cristal com uma praça de palmeiras e das estufas anexas construídas em 1902. Os espaços ao ar livre incluem o **Rockefeller Rose Garden** e o **Everett Children's Adventure Garden**, onde as plantas podadas na forma de figuras e os labirintos garantem horas de diversão para os pequenos.

LITTLE ITALY

Termine o passeio com uma refeição italiana no Dominick's, ver 🍴①, em **Belmont**, a Little Italy do Bronx, perto da **Arthur Avenue** ❸ (com East 187th Street, que se liga ao Southern Boulevard). Outra boa escolha é o **Roberto's**, ver 🍴②. Na hora de ir embora, talvez seja melhor pegar um táxi até a Fordham Road Station, especialmente se estiver escurecendo; é preciso cuidado redobrado nessa área.

O ZOOLÓGICO DO BRONX

A próxima parada é o **Bronx Zoo** ❷ (Bronx River Parkway e Fordham Road; tel.: 718-220-5100; <www.bronxzoo.com>; abr.-out.: 2ª-6ª, 10h-17h; sáb.-dom., 10h-17h30; nov.-mar.: diariamente, 10h-16h30; pago), 20 minutos a pé. Para chegar aqui, saia do jardim botânico pelo Conservatory Gate, vire à esquerda no Kazimiroff Boulevard, atravesse a Fordham Road e continue pelo Southern Boulevard até chegar na entrada de pedestres, à esquerda.

Este é o maior zoológico urbano dos Estados Unidos, com cerca de 4.500 animais, incluindo espécies ameaçadas de extinção. Entre as atrações, estão um passeio de monotrilho sobre a **Wild Asia** (morada de elefantes asiáticos, rinocerontes e antílopes), um complexo de 16 ha com fossos para manter os grandes felinos longe de suas presas (os espectadores, por exemplo), e o **Congo Gorilla Forest**, 2,5 ha de floresta e bambuzal que abrigam mais ou menos 20 gorilas de planície. Bem como instalações internas para animais noturnos, répteis, macacos e outros.

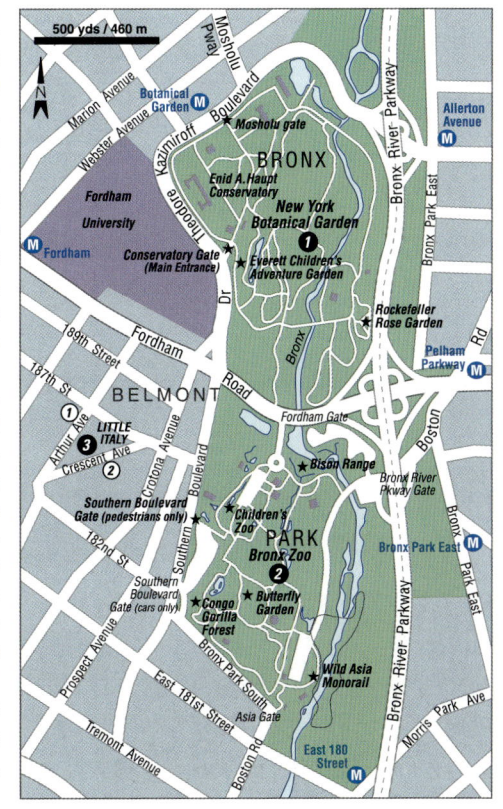

KEEP REFRIGERATED
Katz's
DELICATESSEN
THAT'S ALL
ESTABLISHED
SINCE 1888

1853

Carlyle

POLICE
1767

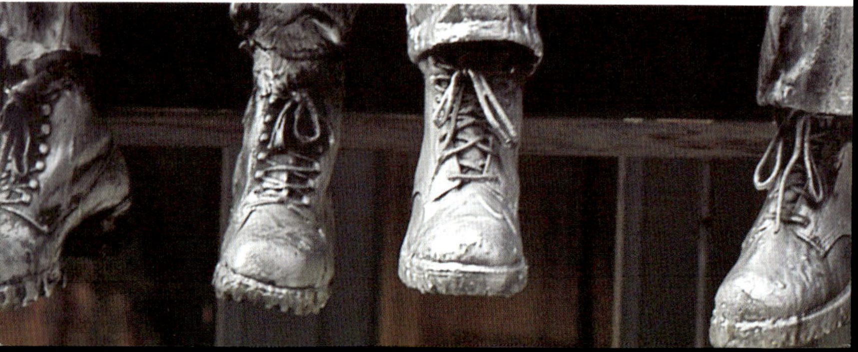

INFORMAÇÕES

Informações práticas e sugestões de hotéis e restaurantes, para todos os gostos e bolsos, organizadas por assunto e em ordem alfabética.

A-Z	100
HOSPEDAGEM	112
ONDE COMER	118

A

ACHADOS E PERDIDOS

A chance de recuperar objetos perdidos não é grande, mas pode ser que um ou outro cidadão consciente entregue o que achou na delegacia de polícia mais próxima.

Para pedir informações sobre objetos esquecidos no transporte público (metrô e ônibus), tel.: 212-712-4500, aberto 2ª, 4ª e 6ª das 8 às 12 horas, 5ª das 11 às 18h45. Ou ligue para 311.

Cartões de crédito perdidos ou roubados:
American Express, tel.: 800-528-4800.
Visa, tel.: 800-847-2911.
Diners Club, tel.: 800-234-6377.
MasterCard, tel.: 800-826-2181.

AEROPORTOS E CHEGADAS

Os dois maiores aeroportos de Nova York, John F. Kennedy e LaGuardia, ficam a 24 e 13 km de Manhattan, respectivamente. De carro, leva-se praticamente uma hora, embora com tráfego pesado esse tempo dobre facilmente. O terceiro maior aeroporto da área metropolitana, Newark Liberty International, fica em New Jersey, mas, para muitos nova-iorquinos, pode ser mais cômodo que ir ao JFK ou LaGuardia.

Transporte para os aeroportos

O AirTrain é um sistema de trens que conecta os aeroportos JFK e Newark com a rede ferroviária existente na região. Informações sobre o AirTrain no JFK, tel.: 718-244-4444, <www.airtrainjfk.com>; AirTrain em Newark, tel.: 888-EWR-INFO, <www.airtrainnewark.com>

O New York Airport Service (tel.: 212-875-8200) tem ônibus entre Manhattan, JFK e LaGuardia. Os pontos de embarque e desembarque incluem: o terminal de ônibus em Port Authority, a Penn Station e o Grand Central Terminal.

New Jersey Transit (tel.: 973-762-5100) e Olympia Airport Express (tel.: 212-964-6233) têm ônibus expressos entre o aeroporto de Newark e o terminal de ônibus em Port Authority, a Penn Station, o Grand Central Terminal e Lower Manhattan.

Um serviço de micro-ônibus dos três aeroportos para muitos hotéis de Manhattan é oferecido por Super Shuttle Blue Vans (tel.: 800-451-0455

Crianças

Se planeja ir para Nova York com crianças, organize-se com cuidado. Preparação e muita paciência são as chaves do sucesso da viagem em alguns aspectos. Nova York é um destino perfeito para famílias, porque há inúmeras atividades de que tanto adultos como crianças vão gostar: um *show* na Broadway, por exemplo, ou um passeio ao zoológico do Central Park. Para crianças que não estão acostumadas com a vida nas cidades grandes, mesmo experiências corriqueiras serão uma aventura. Você pode ficar encantado com a arte e a cultura, mas seus filhos vão mesmo é se lembrar de andar de metrô, apertar botão de elevador e comprar cachorro-quente na rua.

ou 800-258-3826), com transporte porta a porta por cerca de 20 dólares.

ALFÂNDEGA

Para informações atualizadas sobre as leis alfandegárias dos Estados Unidos, visite <www.customs.ustreas.gov>

ASSISTÊNCIA MÉDICA

Serviços médicos são extremamente caros. Faça um seguro de viagem com boa cobertura para qualquer emergência. **Physicians Home Care**, tel.: 718-238-2100, para chamadas sem emergência em domicílio.

Emergência médica
Hospitais com atendimento de emergência:

Bellevue Hospital, 5ª Avenida com East 27th Street; tel.: 212-562-4141.
Beth Israel Medical Center, 5ª Avenida com 16th Street; tel.: 212-420-2840.
NYU **Medical Center**, 550, 5ª Avenida com 33rd Street; tel.: 212-263-7300.
St. Luke's-Roosevelt Hospital, 59th Street entre avenidas Ninth e Tenth; tel.: 212-523-6800.
St. Vincent's Hospital, Seventh Avenue com 11th Street; tel.: 212-604-7000.
Columbia Presbyterian Medical Center, 622 West 168th Street; tel.: 212-305-2500.
Lenox Hill Hospital, 77th Street com Park Avenue; tel.: 212-434-2000.
Mount Sinai Hospital, 5ª Avenida com 100th Street; tel.: 212-241-6500.
New York Hospital, 525 East 68th Street; tel.: 212-746-5454.

C

CLIMA E VESTUÁRIO

A cidade de Nova York tem quatro estações distintas e é melhor na primavera e no outono. As temperaturas no verão ficam entre 24ºC e 29ºC, mas não é incomum que subam acima dos 32ºC. A umidade é desconfortável em julho e agosto.

Turismo no outono e no inverno
Às vezes, setembro e outubro trazem um veranico que enche os parques e as praças de adoradores do sol.

As temperaturas no inverno frequentemente caem abaixo de zero e, com o vento, a sensação térmica é de frio mais intenso. A temperatura média em janeiro é de 0ºC. Ocasionalmente, as nevascas engarrafam o

Acima, da esquerda para a direita: a parte alta da cidade vista do Empire State; um dia de sol no Central Park.

À esquerda: guardas de trânsito.

Acima, da esquerda para a direita: espera-se que os donos de cachorros limpem a sujeira que seus animais de estimação fizerem; a sacola de papel pardo característica da Bloomingdale's; policial do NYPD em sua motocicleta; o ricamente adornado Rockefeller Center.

trânsito, embora as equipes de remoção de neve sejam relativamente eficientes.

A média anual de chuva é de 1.120 mm; a média de neve é de 74 cm. Uma boa ideia é carregar capas de chuva e guarda-chuvas durante o ano todo.

Exceto nos passeios descontraídos, o vestuário tende a ser um pouco mais formal que em outras cidades americanas. É sempre aconselhável perguntar antes qual a roupa adequada para ir a restaurantes, clubes noturnos etc.

CORREIO

A agência central do correio em Manhattan fica na Eighth Avenue, entre a 31st Street e a 33rd Street; abre 24 horas por dia. Para localizar agências em outros lugares nos cinco distritos da cidade, ligue para 800-275-8777 ou visite <www.usps.com>.

CRIMINALIDADE E SEGURANÇA

Apesar da reputação recente de cidade acolhedora e solidária, partes de Nova York ainda são razoavelmente perigosas, e os turistas não devem se tranquilizar com uma falsa sensação de segurança. Gente perversa, cuja vida é dedicada a explorar os incautos, é rápida para tirar vantagem da perplexidade dos outros, por isso, adote a atitude característica dos nova-iorquinos: parecer habituado à vida na rua e estar alerta o tempo todo.

Ostentar joias ou riqueza é um convite para assaltantes; excursões imprudentes para regiões desertas à noite (como Central Park ou Battery Park) são igualmente insensatas.

Tranque a porta do seu quarto no hotel mesmo quando estiver lá dentro e vá para bairros questionáveis, como Harlem ou Alphabet City, em grupo. Muito embora Times Square tenha se livrado da reputação ruim, as ruas em volta ainda atraem batedores de carteira.

Segurança no metrô
Os metrôs são muito mais seguros do que já foram no passado, mas pessoas sozinhas à noite devem ficar atentas. Depois de passar pela catraca, fique no campo de visão da bilheteria – ou pelo menos a uma distância em que os funcionários possam ouvir se você gritar. Ao embarcar, tente ficar num vagão onde haja outras pessoas. Em caso de emergência, ligue 911 para chamar a polícia, os bombeiros ou uma ambulância.

D

DEFICIENTES

Turistas deficientes podem obter informações sobre direitos e instalações especiais no Mayor's Office for People with Disabilities (tel.: 212-788-2830; <www.nyc.gov/mopd>).

DINHEIRO

Cartões de crédito e caixas eletrônicos
Saques em dinheiro usando os principais cartões de crédito e de débito podem ser feitos em caixas de bancos e em caixas eletrônicos que exibem as respectivas bandeiras (por exemplo, Cirrus, Plus, Visa, MasterCard, American Express etc.). A maioria cobra uma taxa para o saque em dinheiro. Os cartões de crédito são aceitos em quase todos os

Cachorros
Se estiver viajando com seu cachorro, lembre-se de que ele deve andar na coleira em lugares públicos e os dejetos devem ser recolhidos e jogados em local apropriado. As *pet shops* e as lojas de ferragens vendem pás, mas muitos donos de cachorro acham mais fácil usar um saco plástico.

lugares, embora nem todos os cartões sejam aceitos em todos os lugares.

Câmbio

Há inúmeros lugares onde fazer câmbio de moeda e cheque de viagem em Nova York. Os cheques de viagem (desde que estejam em dólar) são aceitos na maioria dos hotéis e restaurantes e podem ser descontados na maioria dos bancos. Alguns bancos cobram pelo serviço. É preciso apresentar identidade com foto (passaporte ou carteira de motorista).

Travelex, tel.: 800-287-7362; 1590 Broadway com 48th Street, tel.: 212-265-6063; 1.271 Broadway com 32nd Street, tel.: 212-679-4877; e 511 Av. Madison com 53rd Street, tel.: 212-753-0117.

A American Express também vende e desconta cheques de viagem. Há muitos escritórios na cidade, incluindo 374 Park Avenue, tel.: 212-421-8240; 111 Broadway, tel.: 212-693-1100; 3 World Financial Center, tel.: 212-640-5130; e 151 West 34th Street, tel.: 212-695-8075.

Existe também um quiosque de autosserviço no Times Square Information Center (1.560 Broadway, entre 46th Street e 47th Street).

O **Citibank** oferece serviços de câmbio na maioria de suas cerca de 200 agências espalhadas pelos cinco distritos da cidade. Tel.: 800-285-3000.

Reembolsos

As lojas de departamentos geralmente aceitam a devolução de mercadorias com reembolso total até 30 dias depois da compra. As butiques são menos transigentes; algumas só permitem a troca por outra mercadoria, que não esteja em liquidação e até sete dias depois.

DIREÇÃO EM NOVA YORK

Andar de carro é a maneira menos eficiente de se deslocar em Nova York. Os motoristas são agressivos, o tráfego engarrafa com frequência, o espaço para estacionamento na rua é escasso (com multas com valores exorbitantes em caso de estacionamento irregular) e os estacionamentos e garagens comerciais são extremamente caros.

Se for necessário, é possível alugar um carro em todos os aeroportos e em inúmeros locais na cidade. Você deve ter, no mínimo, 21 anos, carteira de motorista válida e cartão de crédito. Não descuide do seguro tanto para

À esquerda: Greenwich Village, onde os *gays* são bem-vindos.

Idade para beber
A idade mínima legal para consumir bebida alcoólica em Nova York é 21 anos. Prepare-se para apresentar documento de identidade com foto antes de comprar bebida alcoólica ou entrar num bar. Alguns clubes noturnos permitem a entrada de clientes menores de 21 anos, mas examinam a identidade de todos os que tentam comprar um drinque.

Soneca na metrópole: Os fatigados podem encontrar descanso em MetroNaps, no 24º andar do Empire State. Os recintos são individuais e custam 14 dólares por 20 minutos (das 10h às 18h, de 2ª a 6ª, almoço opcional; tel.: 212-239-3344; www.metronaps.com).

colisão como para responsabilidade pessoal.

E

ELETRICIDADE

A corrente elétrica padrão nos Estados Unidos é de 110 volts. Aparelhos europeus de 220-240 volts necessitam de adaptador.

EMBAIXADAS E CONSULADOS

Missão Australiana na ONU, 150 East 42nd Street, tel.: 212-351-6600.
Consulado-Geral Britânico, 845 Third Avenue, tel.: 212-745-0200.
Consulado-Geral Canadense, 1251 Sixth Avenue, tel.: 212-596-1783.
Consulado-Geral da Irlanda, 345 Park Avenue, tel.: 212-319-2555.
Missão Neozelandesa na ONU, 1 UN Plaza, tel.: 212-826-1960.

Consulado da África do Sul, 333 East 38th Street, tel.: 212-213-4880.

EMERGÊNCIAS

Polícia, bombeiros e ambulância, tel.: 911.
Emergências odontológicas, tel.: 212-573-9502.
Comunicação de crimes sexuais, tel.: 212-267-7273.
Prevenção ao suicídio, tel.: 212-532-2400.

ENTRADA NO PAÍS

Para informações atualizadas sobre as leis para entrar nos Estados Unidos, visite <http://travel.state.gov/foreign entryreqs.html>.

ETIQUETA

Os nova-iorquinos são famosos por serem rudes e francos. Claro que é uma generalização, mas não totalmente infundada. Esta é uma cidade de ritmo acelerado com uma postura agressiva. A assertividade no trabalho – e no lazer – é frequentemente mais valorizada que a civilidade. É também uma cidade extraordinariamente diversa. No entanto, embora estejam longe de ser modelos de fraternidade universal, os nova-iorquinos conseguem se relacionar no cotidiano de uma forma que impede que a cidade perca a compostura. Uma proeza notável em si mesma.

F

FUMO

Atualmente, vigora a lei antitabaco em praticamente todos os bares, restaurantes e escritórios de Nova York. Não deixe de pedir um quarto para fumantes quando fizer reserva em hotéis.

FUSO HORÁRIO

Nova York segue o Eastern Standard Time (EST), que corresponde a cinco horas a menos que em Londres, uma hora a mais que em Chicago e três horas a mais que na Califórnia.

G

GAY E LÉSBICA

O epicentro tradicional da comunidade *gay* em Nova York é o Greenwich Village, particularmente o West Village, na Christopher Street e vizinhanças, local dos conflitos de Stonewall, em 1969. No entanto, nos últimos anos, o centro de gravidade da comunidade se deslocou um pouco, na direção de Chelsea e do Meatpacking District, que tem alguns dos restaurantes e clubes noturnos mais quentes da cidade.

Informações úteis

Gay and Lesbian Hotline, tel.: 212-989-0999; 2ª-6ª das 16h a meia-noite; sáb. das 12 às 17 horas. Fornece informações sobre todos os aspectos da vida *gay* em Nova York, incluindo recomendação de bares e restaurantes, aconselhamento jurídico etc.

Gay Men's Health Crisis, 119 West 24th Street; tel.: 212-367-1000 ou 800-243-7692; <www.gmhc.org>. Esta associação sem fins lucrativos oferece assistência a pessoas com HIV/AIDS e se dedica à prevenção e ao tratamento da doença.

Lesbian, Gay, Bisexual and Transgender Community Center, 208 West 13th Street (com Seventh Avenue); tel.: 212-620-7310; <www.gaycenter.org>; diariamente, das 9 às 23 horas. Esta grande e prestativa organização oferece uma gama variada de serviços e eventos, de educação para a saúde, aconselhamento, conferências educativas e ação política a bailes e festas.

NYC **Gay & Lesbian Anti-Violence Project**, 240 West 35th Street; tel.: 212-714-1184; <www.avp.org>. A organização proporciona defesa jurídica para vítimas de violência contra *gays*.

Jornais e revistas

Gay City News, <gaycitynews.com>. Jornal que cobre notícias e eventos locais, nacionais e internacionais.

Next, www.nextmagazine.net. Uma

Acima, da esquerda para a direita: a bandeira das treze listras; a biblioteca pública de Nova York, na 5ª Avenida com a 42nd Street, tem serviço gratuito de internet sem fio.

À esquerda: os hotéis, em geral, oferecem internet sem fio gratuitamente.

Ingressos para a TV
Planejando com antecedência, é possível participar do auditório de um programa de TV gravado em Nova York. Muitos desses programas são vistos no exterior. Os ingressos frequentemente são gratuitos e, às vezes, distribuídos por sorteio. Para detalhes, visite <www.nycvisit.com> ou o site de seu programa preferido.

excelente revista dedicada ao entretenimento e à vida noturna na Nova York *gay*.
HX: **Homo Xtra**, 287-245 Eighth Avenue; <www.hx.com>. Revista de estilo de vida *gay*, com boas seleções de eventos.
New York Blade, 230 West 17th Street; tel.: 212-352-3535; <www.nyblade.com>. Notícias para a comunidade *gay* e lésbica da área metropolitana.

GORJETA

A maioria dos nova-iorquinos que trabalha no segmento de serviços (restaurantes, hotéis, transportes) vê as gorjetas como direito divino, e não apenas como gratificação. O fato é que muitos dependem das gorjetas para complementar os salários baixos. Portanto, a menos que o serviço seja realmente horroroso, calcule que vai dar gorjetas para todo mundo, de mensageiros e carregadores (geralmente US$ 1,00 por mala ou US$ 2,00 se tiver uma mala só) a porteiros de hotel (US$ 2,00 se chamarem o táxi para você), camareiras (US$ 2 por dia, deixados no quarto no dia da saída), atendentes de banheiros (pelo menos 50 centavos) e garçons de serviço de quarto (aproximadamente 15% do valor da conta, a menos que já esteja incluída no total). Nos restaurantes, a melhor maneira de calcular a gorjeta é dobrar o valor do imposto (que chega a um pouco mais de 16%; some ou subtraia um dólar dependendo da qualidade do serviço). Nos táxis, dê 15% do valor total da corrida, mas não menos de US$ 2,00.

H

HORÁRIOS E FERIADOS

Horários de funcionamento
Os horários normais de funcionamento vão das 9 às 17h ou 18h, mas as lojas costumam ficar abertas até bem mais tarde. Podem ficar lotadas no horário de almoço. Algumas também abrem aos domingos. O horário bancário vai das 9 às 15h ou 16h, mas cada vez mais bancos estão abrindo às 8h e fechando no final da tarde ou no começo da noite. Há caixas eletrônicos em todo o lugar.

Feriados
Os Estados Unidos mudaram a maioria dos feriados para a segunda-feira mais próxima da data exata, criando assim vários fins de semana de três dias. As datas mantidas, não importando em que dia da semana caiam, são:

À direita: jornais semanais gratuitos ficam disponíveis em caixas nas esquinas das ruas.

Ano Novo (1º de janeiro)
Dia da Independência (4 de julho)
Dia dos Veteranos (11 de novembro)
Natal (25 de dezembro)
Dia de Ação de Graças (quarta quinta-feira de novembro)

Outros feriados:
Dia de Martin Luther King Jr. (terceira segunda-feira de janeiro)
Dia do Presidente (terceira segunda-feira de fevereiro)
Dia da Lembrança (última segunda-feira de maio)
Dia do Trabalho (primeira segunda-feira de setembro)
Dia de Colombo (segunda segunda-feira de outubro)
Dias das Eleições (primeira terça-feira de novembro a cada quatro anos)

diariamente, das 10 às 18 horas. Oferce informações sobre a cidade, mais um balcão de ingressos para *shows* e serviços de *e-mail* e câmbio.

INTERNET

Acesso gratuito à internet sem fio pode ser encontrado em Union Square, Bryant Park, Chelsea Market, South Street Seaport, Winter Garden (World Financial Center), Lincoln Center Park, bibliotecas públicas em toda Manhattan e em muitos cafés e restaurantes. Cada vez mais hotéis estão oferecendo internet sem fio nos quartos também. Pode-se enviar *e-mails* da maioria das filiais das lojas de fotocópia Fed-Ex/Kinko's ou dos computadores de algumas bibliotecas.

Acima, da esquerda para a direita:
o Late Show é gravado no Ed Sullivan Theater na Broadway; binóculos acionados por moedas na ilha Liberty; *Charging Bull*, a escultura do touro no Bowling Green em Lower Manhattan *(ver p. 91)*; os estúdios da CNN ficam no Time Warner Center, no Columbus Circle.

I

INFORMAÇÕES TURÍSTICAS

NYC & Company Visitors Information Center, 810 Seventh Avenue (entre a West 52nd Street e a 53rd Street); tel.: 212-397-8222, 800-NYC-VISIT; <www.nycvisit.com>; 2ª-6ª, 8h30-18h; sáb.-dom., 9h-17h. Esse centro de informações oferece folhetos, mapas e dados sobre pacotes em hotéis e descontos em atrações. Há um quiosque de informações na Broadway com a Park Row, no City Hall Park.

Times Square Information Center, 1.560 Broadway (entre a West 46th Street e a 47th Street); tel.: 212-869-1890; <www.times-squarenyc.org>;

M

MAPAS

NYC & Co. tem bons mapas em seu centro de turismo e *on-line* (<www.nycvisit.com>). Mapas do metrô e dos ônibus estão disponíveis nas bilheterias das estações de metrô, na bilheteria da New York City Transit Authority, no Grand Central Terminal, e no balcão de informações da Long Island Rail Road, na Penn Station, bem como na bilheteria da MTA, no Times Square Visitors Center. Também é possível baixá-los da internet em <www.mta.info>.

O traçado das ruas
Em geral, em Midtown e Uptown Manhattan, as avenidas cortam a

Segurança
Prepare-se para passar por barreiras de segurança com detectores de metal em atrações turísticas como Estátua da Liberdade e Empire State.

cidade no sentido norte-sul e as ruas no sentido leste-oeste. As ruas pares normalmente são de mão única para o leste; as ruas ímpares, para o oeste. Há exceções importantes, como as ruas 14th e 23rd, ambas de mão dupla. A maioria das avenidas tem mão única, ou para o norte ou para o sul; a principal exceção é Park Avenue, com mão dupla ao norte da 44th Street.

O quadro fica mais confuso no Greenwich Village e em outros bairros do centro, onde as ruas, em sua maioria, têm nome, e não números, e vão para todas as direções.

MÍDIA

Imprensa

O *New York Times* e o *Wall Street Journal* são tidos como jornais de importância nacional e também relevantes em assuntos locais. A maciça edição dominical do *Times* traz uma ampla cobertura de arte e entretenimento na cidade.

Dois jornais competem no mercado de tabloides: o *New York Post* e o *Daily News*. Existem dois diários distribuídos gratuitamente pela manhã: AM *New York* e *Metro*. O semanal alternativo *Village Voice*, também gratuito, tem listas e classificados bem abrangentes, assim como o *New York Observer* e o *New York Press*. As revistas locais com boa cobertura de eventos são *New York* e *Time Out New York*.

Rádio

Existem mais de 70 emissoras de rádio na cidade de Nova York. Algumas das melhores em notícias locais são:

WNYC	93.9FM/820AM
WABC	770AM
WCBS	880AM
WINS	1010AM
WBBR	1130AM

Televisão

As três principais redes – todas sediadas em Nova York – são ABC (77 West 66th Street; tel.: 212-456-7777), CBS (51 West 52nd Street; tel.: 212-975-4321) e NBC (30 Rockefeller Plaza; tel.: 212-664-4444). O escritório nacional da Fox News fica em 1.211 Sixth Avenue (tel.: 212-556-2500) e os escritórios da CNN ficam no Time Warner Center, no Columbus Circle. O Public Broadcasting Service (PBS) pode ser visto nos canais 13 e 21 em VHF (para quem não tem TV a cabo). As outras três emissoras locais são afiliadas das redes Fox (5), UPN (9) e WB (11). Esses canais transmitem programação nacional e local. Há também meia dúzia de emissoras

À direita:
chamando um táxi.

UHF transmitindo em espanhol e em outros idiomas.

Várias empresas de TV a cabo oferecem 50 ou mais canais básicos e de filmes, embora o número exato varie, dependendo do fornecedor do serviço.

P

PESOS E MEDIDAS

Os Estados Unidos adotam o sistema imperial britânico de pesos e medidas. O sistema métrico decimal raramente é usado.

R

RELIGIÃO

Nova York é aproximadamente 70% cristã, 11% judia, 1,5% muçulmana e 7,4% agnóstica; com budistas, hindus e outros também representados.

T

TÁXIS

Os táxis, todos com taxímetro, ficam rodando pelas ruas e é preciso chamá-los, embora existam pontos de táxi em lugares como Grand Central Terminal e Penn Station. Faça sinal para os táxis amarelos oficiais, e não para os que não têm licença para pegar passageiros nas ruas. A bandeirada custa US$ 2,50 e pagam-se mais 40 centavos a cada 300 metros rodados (quando o carro está rodando a 10 km/h ou mais) ou 60 segundos (quando o carro está parado). A tarifa fixa entre JFK e Manhattan é de US$ 45,00 mais os pedágios.

A tarifa cobre até quatro passageiros (cinco nos carros maiores). Há uma taxa de US$ 1,00 nas corridas entre 16 a 20 horas nos dias de semana. Das 20 horas a 6 da manhã, há uma taxa noturna de 50 centavos.

Táxis aquáticos

A New York Water Taxis fornece serviço de *ferry* nos rios Hudson e East. Além do serviço diário de transportar passageiros de casa para o trabalho entre Manhattan, Brooklyn e Queens, os táxis aquáticos oferecem passeios turísticos, passeios para observação de pássaros e cruzeiros ao pôr do sol com música ao vivo. Para informações, visite <www.nywatertaxi.com>.

TELEFONE E FAX

Há décadas, o código de área da maior parte dos locais em Manhattan é 212. Os números de Brooklyn, Queens, Staten Island e Bronx têm o prefixo 718 (os mais novos, 347 ou 917). Independentemente do número para o qual você esteja ligando, deve-se discar o código de área do número precedido de 1.

Os prefixos das chamadas gratuitas são 800, 888 ou 877; lembre-se de discar 1 antes desses números.

Telefones que aceitam cartões de crédito podem ser encontrados em vários lugares, incluindo Grand Central Terminal e Penn Station. Geralmente, os hotéis acrescentam uma pesada sobretaxa às chamadas telefônicas. Cartões de telefone, vendidos em lojas de conveniência e em outros pontos comerciais, são uma forma barata de fazer ligações.

Acima, da esquerda para a direita: a Igreja da Trindade na 5ª Avenida; telefones públicos estão ficando raros depois do advento dos celulares; relógio no Empire Diner, em Chelsea (*ver p. 121*); um táxi aquático.

Banheiros
O conceito de banheiro público, na verdade, nunca pegou em Nova York. A melhor pedida é ir até uma loja de departamentos ou outra loja grande. Em alguns casos, é preciso pedir a chave. Outras opções são lanchonetes de *fast-food* e cafés.

INFORMAÇÕES **109**

Celulares

O uso do telefone celular está disseminado. A Roberts Rent-a-Phone (tel.: 800-964-2468) e a Hello World (tel.: 212-243-8800) alugam celulares. No entanto, qualquer pessoa que permaneça em Nova York por mais que alguns dias ou que visite a cidade com frequência, deve considerar comprar um aparelho: os preços são bem baixos se comparados com os de outras cidades.

Fax

A maioria dos grandes hotéis oferece serviço de fax, assim como muitas lojas de cópia e impressão e as inúmeras filiais de FedEx/Kinko's, que também oferecem acesso pago a computador e *e-mail*.

Telefones úteis

Chamadas internacionais, disque 011 (o código telefônico de acesso internacional) e, em seguida, o código do país, o código da cidade e o número do telefone.

Auxílio à lista, incluindo números gratuitos, disque 555-1212 precedido pelo código de área de onde está ligando.

Emergências, disque 911.

Serviços não-emergenciais

Em Nova York há um número de três dígitos para o qual você pode ligar e obter informações e serviços não-emergenciais. As chamadas para o 311 são atendidas por operadores durante 24 horas por dia, sete dias na semana, e o serviço é oferecido em mais de 170 idiomas. Os operadores estão preparados para atender a uma gama variada de chamadas, incluindo informações turísticas, reclamações de barulho, dúvidas sobre transporte público e informações sobre objetos perdidos.

TRANSPORTE

Metrô e ônibus

O metrô e os ônibus operam 24 horas por dia, mas com menos frequência depois da meia-noite. A tarifa é paga em dinheiro, no valor exato, e também com o passe MetroCard (que pode ser comprado nas bilheterias do metrô), o qual permite transferências gratuitas num período de duas horas. Passes sem limite de viagens, válidos por sete ou 30 dias também estão à venda, assim como passes de um dia encontrados em bancas de jornal, hotéis e quiosques eletrônicos em algumas estações de metrô.

Para informações sobre ônibus e metrô, ligue para 718-330-1234; para detalhes sobre o passe MetroCard, ligue para 212-METROCARD (800-METROCARD, se estiver fora da cidade).

Os trens path

Os trens PATH (Port Authority Trans Hudson) passam por baixo do rio Hudson, saindo de seis estações de Manhattan em direção a Hoboken, Jersey City e Newark, em New Jersey. Para informações, ligue para 800-234-PATH.

Estações ferroviárias e rodoviária

Os trens de curta e longa distância chegam e partem de dois terminais ferroviários de Manhattan: Grand

Central Terminal, na Park Avenue com a 42nd Street, e Pennsylvania Station, na Seventh Avenue com a 33rd Street. Para informações sobre a Amtrak, tel.: 800-872-7245.

O principal terminal rodoviário da cidade é Port Authority (localizado na Eighth Avenue, entre a 40th Street e a 42nd Street). A estação fica acima de duas linhas de metrô e é servida por empresas de ônibus que operam em longas distâncias (incluindo Greyhound, tel.: 800-231-2222) e por linhas dos subúrbios locais. Os ônibus urbanos param do lado de fora.

V
VISTOS

Para informações atualizadas sobre as leis que regem a entrada nos Estados Unidos, visite <http://travel.state.gov/foreignentryreqs.html>

W
WEBSITES

<www.newyork.citysearch.com>, para listas e resenhas dos eventos em cartaz, bem como restaurantes e compras. É excelente em *links* para qualquer aspecto imaginável da cidade de Nova York.

<www.nyc.gov> é o site oficial da prefeitura. Contém notícias e informações sobre órgãos da prefeitura e leis de estacionamento.

<www.nycvisit.com> é o site de turismo de Nova York, com informações sobre hospedagem, restaurantes, compras, eventos e promoções.

<www.centralparknyc.org> tem calendário de eventos, mapas e outras informações sobre o Central Park.

<www.nypl.org> para informações sobre a biblioteca pública de Nova York. Há também um serviço de informações *on-line*.

Acima, da esquerda para a direita: o centro de informações turísticas em Times Square; o metrô é o meio mais rápido de se deslocar na cidade.

À esquerda: o metrô de Nova York funciona durante todo o dia e à noite.

HOSPEDAGEM

Midtown

Algonquin
59 West 44th Street (entre as avenidas 5ª e 6ª); tel.: 212-840-6800, 800-548-0345; <www.algonquinhotel.com>; metrô: 42nd Street Bryant Park; $$$$

Antigamente refúgio da Távola Redonda da literatura em Nova York, e ainda um favorito, o Algonquin guarda o charme dos ambientes revestidos de carvalho. Tem uma atmosfera reservada e vitoriana, fica perto dos teatros e não é tão caro quanto seus concorrentes. Foi reformado recentemente.

La Quinta Manhattan
17 West 32nd Street (perto da 5ª Avenida); tel.: 212-736-1600, 800-551-2303; <www.applecorehotels.com>; metrô: 34th Street Herald Square; $

As diárias neste hotel de 182 quartos, que fica bem próximo da Macy's, do Madison Square Garden e de outras atrações de Midtown, são bastante razoáveis, especialmente levando em consideração que as confortáveis acomodações incluem telefone com secretária eletrônica e acesso discado à internet. Há também um café no saguão com entretenimento, um restaurante com serviço de quarto e um bar ao ar livre no terraço, onde se pode apreciar música e lanchar no verão com vistas do Empire State e da Times Square.

The Plaza
5ª Avenida (com a 59th Street); tel.: 212-759-3000; <www.fairmont.com>; metrô: 5ª Avenida; $$$

Um dos grandes hotéis de Nova York, o Plaza passou recentemente por uma reforma que restaurou o esplendor de seu estilo eduardiano. Os quartos são mobiliados com antiguidades e decorados com murais. O Oak Bar e a Edwardian Room são lugares muito procurados antes e depois das sessões de teatro.

Roger Williams Hotel
131 Madison Avenue (com a 31st Street); tel.: 212-448-7000, 888-448-7788; <www.hotelrogerwilliams.com>; metrô: 33rd Street 6; $$$

O Roger Williams trocou o estilo formal por um mais caloroso, com cores vivas e madeira natural. O saguão tem um átrio bem alto, e os quartos são aconchegantes e espaçosos. As coberturas têm bonitas varandinhas com vistas magníficas do Empire State.

St. Regis
2 East 55th Street (com 5ª Avenida); tel.: 212-753-4500, 800-759-7550; <www.starwood.com>; metrô: 5ª Avenida com a 53rd Street; $$$$

Um edifício que parece um enorme bolo de noiva eduardiano, enfeitado com filigranas e murais (de ninguém menos que Maxfield Parrish), o St. Regis funciona como um ímã para hóspedes mais velhos e endinheirados que apreciam a ambientação no estilo da era dourada.

Diárias em quarto duplo sem café-da-manhã:

$$$$	acima de 300 dólares
$$$	250-300 dólares
$$	200-250 dólares
$	abaixo de 200 dólares

Sherry-Netherland
781 5ª Avenida (com a 59th Street e a Grand Army Plaza); tel.: 212-355-2800; <www.sherrynetherland.com>; metrô: 5ª Avenida; $$$$

Um hotel luxuoso e antiquado, evocando o passado, com um clube de hóspedes tão fiéis que as reservas devem ser feitas com muita antecedência. Os hóspedes usufruem de grandes espaços, tanto nas áreas comuns como nos 40 quartos e suítes (o resto do edifício é composto por apartamentos particulares), com serviços dignos de um rei para combinar.

Waldorf-Astoria
50th Street e Park Avenue; tel.: 212-355-3000, 800-925-3673; <www.waldorf.com>; metrô: 51st Street 6; $$$$

O hotel mais famoso da cidade durante seu auge nos anos 1930 e 1940. A aparência do saguão e das áreas comuns combina o conceito heroico de futuro de H. G. Wells com a visão de Cecil B. DeMille sobre o antigo Egito; uma mistura que sempre eleva o espírito. A maioria dos quartos tem o charme do velho mundo, e a localização proporciona acesso fácil não só às compras em Midtown, como também às regiões dos teatros e dos negócios.

Wellington Hotel
871 Seventh Avenue (com a 55th Street); tel.: 212-247-3900, 800-652-1212; <www.wellingtonhotel.com>; metrô: 57th Street F; $$

A entrada lateral numa região congestionada é útil, e a localização, esplêndida para ir ao Central Park, ao Lincoln Center e ao Carnegie Hall. Um ponto de apoio confiável com diárias razoáveis.

W New York
541 Lexington Avenue (perto da East 49th Street); tel.: 212-755-1200; <www.whotels.com>; metrô: 51st Street 6; $$$

O interior do W foi projetado pelo arquiteto da área de entretenimento, David Rockwell, e tem quartos de inspiração zen, com grama crescendo no parapeito das janelas e edredons com aforismos *new age*. Há um *spa* com boas instalações para ginástica e um restaurante que lança moda chamado Heartbeat.

De Chelsea a Gramercy Park

Chelsea Hotel
222 West 23rd Street (perto da Seventh Avenue); tel.: 212-243-3700; <www.hotelchelsea.com>; metrô: 23rd Street 1; $$

Um marco do decadentismo boêmio, lar de poetas *beatniks* e das *drag queens* de Warhol, de Sid Vicious e hoje... um pouco de tudo isso mais hóspedes "comuns". Para alguns, ficar no Chelsea é parte de um ritual de peregrinação a tudo o que é de vanguarda. As acomodações variam de alguns "quartos baratos para estudantes" a suítes.

Gramercy Park Hotel
2 Lexington Avenue (com Gramercy Park); tel.: 212-920-3300; <www.gramercyparkhotel.com>; metrô: 23rd Street 6; $$$$

Esta propriedade, que já foi uma relíquia desbotada da era do jazz, foi trazida de volta à vida na forma de um vistoso hotel-butique adornado com veludos, arte moderna e candelabros. Os bares Rose e Jade estão entre os pontos de encontro favoritos das celebridades.

Acima, da esquerda para a direita:
o Chelsea Hotel; o saguão do Waldorf-Astoria.

Bem justinho
Apertado e caro. É o que, numa frase, se pode esperar de um quarto de hotel em Nova York. Há exceções, claro. Alguns hotéis oferecem espaço extra aos hóspedes; outros, descontos de fim de semana ou pacotes promocionais, mas não informam isso, a não ser que você pergunte. É que, com taxas de ocupação entre 80% e 85%, chegando a 90% em feriados e durante eventos especiais, não há incentivo para baixar os preços. A melhor estratégia é procurar sites de descontos, perguntar sobre as promoções ou viajar na baixa estação – fevereiro, março e agosto.

Impostos

Incluídos na sua conta de hotel estão impostos municipais e estaduais de 13,5% mais uma taxa de hospedagem de $2 por noite.

Inn at Irving Place

56 Irving Place (perto da East 18th Street); tel.: 212-533-4600, 800-685-1447; <www.innatirving.com>; metrô: 23rd Street 6; $$$$

Esta dupla de sobrados graciosos foi transformada numa cópia de pousada rural, com um salão de chá aconchegante iluminado por lareira e 12 quartos e suítes elegantes. Fica a dois quarteirões do Gramercy Park e perto da Union Square. No piso inferior, há um bom e pequeno restaurante com serviço de quarto.

Morgans

237 Avenida Madison (com a 37th Street); tel.: 212-686-0300, 800-334-3408; <www.morganshotelgroups.com>; metrô: Grand Central; $$$$

Ainda é um dos hotéis mais elegantes da cidade, com uma clientela de astros do cinema e milionários. Os tons cinza sérios da decoração original foram substituídos por cores mais quentes, mas a atmosfera ainda é minimalista. O serviço é impecável; dizem que não há nada que os funcionários não façam pelos hóspedes.

Upper West Side

Malibu Hotel

2.688 Broadway (com a West 103rd Street); tel.: 212-663-0275; metrô: 103rd Street 1; $

Este hotel econômico no Upper West Side fica fora do circuito, mas os quartos compactos e reformados têm TV a cabo e aparelhos de CD, os mais baratos têm banheiros coletivos. Como bônus extra, os hóspedes (em sua maioria estudantes e jovens) recebem gratuitamente entradas para clubes noturnos badalados.

Mandarin Oriental

80 Columbus Circle; tel.: 212-805-8800, 866-801-8880; <www.mandarinoriental.com>; metrô: Columbus Circle; $$$$

Este é um dos mais novos hotéis de luxo da cidade, incrustado no alto do Time Warner Center no Columbus Circle. Vistas espetaculares, vizinhança silenciosa e as últimas novidades em tudo fazem dele um lugar muito procurado por turistas ricos.

On the Ave Hotel

2.178 Broadway (com a 77th Street); tel.: 212-362-1100, 800-509-7598; <www.ontheave-nyc.com>; metrô: 79th Street 1; $$$

Este recente acréscimo ao Upper West Side tem quartos elegantes com camas de tamanho *queen* ou *king*. Alguns quartos têm vista para o rio Hudson ou para o Central Park. Dá para ir a pé até o American Museum of Natural History e para o Lincoln Center. Boa relação custo-benefício.

Trump International Hotel and Tower

1 Central Park West; tel.: 212-299-1000, 800-44-trump; <www.trumpintl.com>; metrô: Columbus Circle; $$$$

Com janelões do teto ao chão dando para o Central Park, este hotel tem *spa*

Diárias em quarto duplo sem café da manhã:

$$$$	acima de 300 dólares
$$$	250-300 dólares
$$	200-250 dólares
$	abaixo de 200 dólares

e piscina coberta. Tão ostentoso quanto a torre homônima, abriga um restaurante famoso, o Vong, e tem uma escultura enorme na forma de um globo prateado.

Upper East Side
The Carlyle
35 East 76th Street (com a Av. Madison); tel.: 212-744-1600, 800-227-5737; <www.thecarlyle.com>; metrô: 77th Street 6; $$$$

Elegante, reservado e sereno, o Carlyle continua sendo um hotel de luxo muito aclamado. O equipamento é requintado e o serviço, formal. Funcionam lá o Café Carlyle e o Bemelmans Bar, duas das casas noturnas elegantes mais duradouras da cidade.

The Franklin
164 East 87th Street (entre as avenidas Lexington e Third); tel.: 212-369-1000, 877-847-4444; <www.franklinhotel.com>; metrô: 86th Street 4, 5, 6; $$$

No passado, uma pechincha no Upper East Side, este hotel-butique subiu de nível e está ligeiramente mais caro, mas preste atenção nas diárias especiais. Clima charmoso, café da manhã delicioso, camas celestiais. Os hóspedes têm acesso à internet sem fio e uma coleção de filmes clássicos no quarto.

Gracie Inn
502 East 81st Street (com a York Avenue); tel.: 212-628-1700, 800-404-2252; <www.thegracieinn.com>; metrô: 77th Street 6; $$

Numa rua lateral de uma parte sossegada da cidade perto da Gracie Mansion (a residência oficial do prefeito), este lugar é um cruzamento de sobrado urbano com pousada do interior. Dos pequenos estúdios às grandes coberturas, as diárias são reduzidas conforme a duração da estadia.

Hotel Wales
1295 Av. Madison (com a 92nd Street); tel.: 212-876-6000, 800-428-5252; <www.waleshotel.com>; metrô: 96th Street 6; $$$

O Wales oferece excelente localização nas vizinhanças sofisticadas do Carnegie Hall, perto da Museum Mile e do Central Park. Você pode se deliciar com o melhor café da manhã da cidade logo ao lado, na Sarabeth's Kitchen, ou apreciar uma refeição mais leve no salão de chá do hotel.

Loews Regency Hotel
540 Park Avenue (com a 61st Street); tel.: 212-759-4100, 866-563-9792; <www.loewshotels.com>; metrô: Lexington Avenue 59th Street; $$$$

Um bastião de tranquilidade, o Regency tem quartos suntuosos decorados com tons suaves e tecidos de primeira qualidade. O predileto do pessoal da indústria do entretenimento e de executivos de muita visibilidade.

The Lowell
28 East 63rd Street (com a Av. Madison); tel.: 212-838-1400; <www.lowellhotel.com>; metrô: Lexington Avenue 63rd Street; $$$$

Elegância discreta é o nome deste hotel refinado logo ao lado da poderosa Av. Madison. Famoso por seu sofisticado salão de chá.

Acima, da esquerda para a direita: elegância de grife no Franklin; suíte com vista magnífica no Carlyle.

Albergues de estudantes

Estudantes e outros turistas com pouco dinheiro talvez possam pensar em se hospedar num dos muitos albergues da cidade. A maioria oferece alojamento em dormitórios, com banheiros coletivos e cozinha comum por uma fração do preço de um hotel padrão. Em Manhattan, alguns deles são: Big Apple Hostel (119 West 45th Street; tel.: 212-302-2603); Chelsea International Hostel (251 West 20th Street; tel.: 212-243-7700); e HI-New York (891 Amsterdam Avenue; tel.: 212-932-2300).

B&Bs

As acomodações do tipo *bed and breakfast* em Nova York variam de um quarto no apartamento de alguém até um apartamento completo ou uma pequena pousada. Para informações, entre em contato com City Lights (tel.: 212-737-7049, www.citylightsnewyork.com) ou Bed and Breakfast Network of New York (tel.: 212-645-8134, 800-900-8134; http://bedandbreakfastnetny.com).

The Pierre

2 East 61st Street (com a 5ª Avenida); tel.: 212-838-8000; <www.tajhotels.com>; metrô: Lexington Avenue 59th Street; $$$$

Renomado, por ser um dos melhores hotéis de Nova York, The Pierre gaba-se de ter hospedado pessoas famosas desde sua inauguração no início dos anos 1930 e da vista maravilhosa do Central Park. Os quartos são grandes e elegantes, o serviço é de primeira e o jantar no Café Pierre ou o chá da tarde na bela Rotunda estão entre as experiências mais refinadas da cidade.

Greenwich Village e Meatpacking District

Abingdon Guest House
13 Eighth Avenue (entre West 12th Street e Jane Street);
tel.: 212-243-5384;
<www.abingdonguesthouse.com>; metrô: Eighth Avenue 14th Street; $$

Romance a preço de banana neste hotel de nove quartos entre West Village e Meatpacking District. Divididos entre dois sobrados, os pequenos quartos são decorados cada um a sua maneira: alguns têm cama de quatro colunas, outros têm lareira. Os quartos que dão para a Eighth Avenue são um pouco barulhentos, então, peça o Garden Room, nos fundos.

Diárias em quarto duplo sem café da manhã:	
$$$$	acima de 300 dólares
$$$	250-300 dólares
$$	200-250 dólares
$	abaixo de 200 dólares

Hotel Gansevoort

18 Ninth Avenue (com a 13th Street); tel.: 212-206-6700, 877-426-7386); <www.hotelgansevoort.com>; metrô: Eighth Avenue 14th Street; $$$$

O primeiro hotel de luxo do Meatpacking District tem bar no terraço, piscina e vistas de tirar o fôlego. Os quartos são elegantemente equipados. Se a acomodação der para o oeste, o rio Hudson estará no horizonte e a agitação incessante de Meatpacking District, logo abaixo.

Riverview Hotel

113 Jane Street (com a West Street); tel.: 212-929-0060; <www.hotelriverview.com>; metrô: Eighth Avenue 14th Street; $

Apropriadamente batizado, este lugar muito procurado em Greenwich Village fica de frente para o rio Hudson e para toda a atividade que se desenrola na margem. O transporte público fica a certa distância, mas o hotel é rodeado de alguns dos quarteirões mais bonitos da cidade.

Washington Square Hotel

103 Waverly Place (perto da MacDougal Street); tel.: 212-777-9515; <www.washingtonsquarehotel.com>; metrô: West Fourth Street; $

Um hotel centenário que oferece uma localização ideal na região do Village, no Washington Square Park. Os quartos são pequenos, mas satisfatoriamente equipados. Numa encarnação anterior, este foi o Hotel Earle, um lugar mal cuidado onde Papa John Phillips, da banda dos anos 1960 The Mamas & The Papas, escreveu "California Dreaming", um clássico do folk rock.

Soho e Tribeca

Mercer Hotel

147 Mercer Street (perto de Prince Street); tel.: 212-966-6060, 888-918-6060; <www.mercerhotel.com>; metrô: Prince Street; $$$$

Este marco histórico de 1890 no coração do Soho tem 75 quartos com pé-direito alto. O proprietário, Andre Balazs, também é dono do Chateau Marmont em Los Angeles, e a clientela aqui é tão chique e vistosa quanto a de lá. As instalações do hotel incluem um jardim suspenso no terraço, um bar biblioteca com serviço de comida e bebida que funciona 24 horas, e o respeitado restaurante e café Mercer Kitchen.

SoHo Grand

310 W. Broadway (perto de Canal Street); tel.: 212-965-3000, 877-965-3236; <www.sohogrand.com>; metrô: Canal Street A, C, E; $$$$

O serviço é excelente neste hotel de 15 andares. A decoração é industrial chique e a vista dos andares superiores é magnífica. Os quartos têm janelas grandes e são decorados com cores neutras suaves. O saguão e o bar são pontos de encontro de gente de mídia e astros do rock descontraídos e de todos os que estão na cidade para ver e serem vistos. Como cabe a um lugar cujo dono é o herdeiro do império de produtos para animais de estimação Hartz Mountain, os bichinhos são bem-vindos (em quartos distantes dos outros hóspedes, que podem ser alérgicos). Serviços de exercícios, tratamento de beleza e alimentação estão disponíveis (para animais e seres humanos). Quem chegar sem um companheiro animal recebe um aquário com um peixinho dourado.

Lower East Side

Hotel on Rivington

107 Rivington Street (perto de Ludlow Street); tel.: 212-475-2600; <www.hotelonrivington.com>; metrô: Delancey Street; $$$$

Este elegante hotel de paredes de vidro acrescenta uma pitada de estilo contemporâneo à revitalização do Lower East Side.

Lower Manhattan

Millenium Hilton Hotel

55 Church Street (perto de Fulton Street); tel.: 212-693-2001, 800-445-8667; <www.newyorkmillenium.hilton.com>; metrô: Fulton Street 4, 5; $$$$

Este hotel fica ao lado do Marco Zero e dá para ir a pé até a Wall Street e a Battery Park. Uma boa escolha se quiser agradar a si mesmo.

Holiday Inn Wall Street

15 Gold Street (com a Platt Street); tel.: 212-232-7700, 800-holiday; <www.holidayinn.com>; metrô: Fulton Street 2, 3; $$

Trabalho e prazer se encontram neste hotel, que tem internet de banda larga e computadores em todos os quartos e também toques caseiros, como roupões de banho felpudos.

Best Western Seaport Inn

33 Peck Slip (com a Front Street); tel.: 212-766-6600, 800-hotel-ny; <www.bestwestern.com>; metrô: Fulton Street 2, 3; $$

A um quarteirão de South Street Seaport, este armazém do século XIX transformado em hotel oferece 72 quartos mobiliados em estilo federal americano.

Acima, da esquerda para a direita: Mercer Hotel, no Soho; Hotel on Rivington, no Lower East Side.

Mão amiga

Poucas pessoas são mais úteis ao turista que visita Nova York pela primeira vez que um porteiro bem informado. Você procura um bistrô romântico, uma casa noturna da moda, está difícil conseguir ingressos para o teatro? Um bom porteiro sempre ajuda.

INFORMAÇÕES **117**

ONDE COMER

Midtown

21

21 West 52nd Street (entre as avenidas 5ª e 6ª); tel.: 212-582-7200; 2ª-6ª, almoço e jantar; dom., jantar; metrô: 5ª Avenida /53rd Street; $$$$

Este antigo bar clandestino do tempo da lei seca nunca vai ficar fora de moda entre as pessoas influentes de Manhattan. Miniaturas de jóqueis enfeitam o exterior e brindes com logotipos de empresas ficam pendurados no teto do bar. Saboreie o drinque triplo, o Ramos Gin Fizz, e peça o picadinho de frango.

Blue Fin

W Times Square Hotel, 1.567 Broadway (entre a 46th Street e a 47th Street); tel.: 212-918-1400; diariamente, café da manhã, almoço e jantar; metrô: 49th Street N, R, W; $$$

É fácil sucumbir à decoração exagerada deste restaurante de frutos do mar; no bar, que fica no nível da rua, só uma parede de vidro separa os comensais do burburinho de Times Square, e Austin Powers ficaria à vontade na sala de jantar retrô. O sushi é sublime, e os pratos quentes, como o atum com crosta de gergelim e o robalo assado, perdem o primeiro lugar por muito pouco para ele.

Faixas de preço para uma refeição de três pratos para uma pessoa:

$	acima de 25 dólares
$$	25-40 dólares
$$$	40-60 dólares
$$$$	abaixo de $60 dólares

Cipriani Le Specialità

110 East 42nd Street (entre Lexington Avenue e Park Avenue); tel.: 212-557-5088; 2ª-6ª, café da manhã, almoço e jantar; metrô: Grand Central; $

Este lugar pequeno e bonito se parece mais com uma delicatéssen ou uma loja de iguarias do que com um café, mas o *espresso* é excelente, e os doces, o *panini* e as massas raramente desapontam.

Four Seasons

99 East 52nd Street (entre Lexington Avenue e Park Avenue); tel.: 212-754-9494; 2ª-6ª, almoço e jantar, sáb., apenas jantar; metrô: Lexington Avenue/51st Street; $$$$

Desde a inauguração, 50 anos atrás, o Four Seasons do edifício Seagram, referência na cidade, tem uma clientela que rivaliza com qualquer lista de pessoas influentes. A decoração é finíssima (*ver p. 43*).

La Grenouille

3 East 52nd Street (entre a 5ª Avenida e a Av. Madison); tel.: 212-752-1495; 2ª, jantar; 3ª-sáb., almoço e jantar; metrô: 5ª Avenida/53rd Street; $$$$

Um dos últimos grandes restaurantes franceses de Midtown, onde uma *quenelle* ainda é uma *quenelle* e as flores poucas vezes estiveram mais belas. Um clássico.

Smith & Wollensky

797 Third Avenue (49th Street); tel.: 212-753-1530; diariamente, almoço e jantar; metrô: 51st Street 6; $$$

Esta instituição lota de corretores da bolsa e executivos de Midtown em busca dos vinhos americanos e do clima de clube masculino. O vizinho Wollensky's Grill é menos formal e caro.

Trattoria Dell'Arte
900 Seventh Avenue (com a 56th Street); tel.: 212-245-9800; diariamente, almoço e jantar; metrô: 57th Street/Seventh Avenue; $$$

Os fabulosos antepastos fazem as vezes de prato principal nesta *trattoria* perto do Carnegie Hall. Os frutos do mar, massas e pizza *gourmet* são boas escolhas.

Upper West Side

Dallas BBQ
27 West 72nd Street (entre Central Park West e Columbus Avenue); tel.: 212-873-2004; diariamente, almoço e jantar; metrô: 72nd Street B, C; $

É difícil acreditar que exista um prato de frango e costeletas por menos de US$12 neste bairro. Por isso este restaurante está sempre cheio.

Gray's Papaya
2090 Broadway (com a 72nd Street); tel.: 212-799-0243; diariamente, 24 horas; metrô: 72nd Street 1, 2, 3, 9; $

Uma refeição composta por dois cachorros-quentes e um suco de frutas para rebater. Não tem lugar para sentar. Mas o que você esperava por três dólares?

Jean-Georges
Trump International Hotel, 1 Central Park West; tel.: 212-299-3900; 2ª-sáb., almoço e jantar; dom., *brunch*; metrô: Columbus Circle; $$-$$$$

Pode parecer inverossímil, mas este arranha-céu no caótico Columbus Circle é onde se esconde um dos mais sofisticados e relaxantes restaurantes da cidade. O chef Jean-Georges Vongerichten encanta os clientes com versões criativas dos clássicos franceses.

Luzia's
429 Amsterdam Avenue (perto de 81st Street); tel.: 212-595-2000; 3ª-dom., café da manhã, almoço e jantar; metrô: 79th Street 1, 9; $-$$

Se os azulejos e o trabalho de alvenaria fizerem você achar que encontrou um pequeno pedaço de Portugal em pleno movimento da Amsterdam Avenue, acertou na mosca. Os pratos de camarão e carne de porco são excepcionais, e o vinho verde da casa com certeza deixa o humor festivo.

Upper East Side

Beyoglu
1431 Third Avenue (com a 81st Street), 2º andar; tel.: 212-650-0850; diariamente, jantar; metrô: 77th Street 6; $$

Os sabores do Oriente Médio jorram de pratos como sopa de arroz e coalhada, *kebab* de carneiro, *hummus* e beringela salteada neste restaurante de petiscos que tem o nome de um bairro de Istambul. As porções são ideais para dividir com outras pessoas, portanto, venha em grupo e explore o cardápio inteiro.

Daniel
60 East 65th Street (perto de Park Avenue); tel.: 212-288-0053; 2ª-sáb., jantar; metrô: Lexington Avenue/63rd Street; $$$$

O exímio *chef* Daniel Boulud comanda este caro reino dos alimentos, mas os gastrônomos pagam com alegria pela qualidade e pelo serviço incomparáveis que ele oferece. A cozinha é francesa, em sua maioria, com alguns desvios inesperados (mas sem truques) e o serviço é impecável.

Acima, da esquerda para a direita: o salão da churrascaria no Four Seasons; drinques ao ar livre no Greenwich Village.

A cultura do café
Em Nova York, "café" designa uma variedade enorme de lugares. Alguns são restaurantes completos, outros são pouco mais que um balcão de comida para viagem com uma mesa ou duas. Alguns têm ar europeu, outros se parecem mais com restaurantes americanos baratos. Logicamente, há Starbucks em toda parte; só em Midtown, são 90.

Doces sonhos

Poucos lugares em Nova York conseguem satisfazer o desejo de tomar sorvete de forma tão generosa como Serendipity 3 na East 60th Street, entre as avenidas Second e Third. O chocolate quente congelado e as bananas split enormes são lendários. As crianças e os fregueses da vizinha Bloomingdale's lotam o lugar durante o dia, o pessoal da balada vem à noite, e parece que ninguém se importa com o serviço inconstante e as contas altas.

L'Absinthe

227 East 67th Street (entre a Second Avenue e a Third Avenue); tel.: 212-794-4950; 2ª-sáb., almoço e jantar; dom., *brunch* e jantar; metrô: 68th Street/Hunter College; $$$

Os espelhos gravados, os metais polidos e os garçons franceses com aventais brancos são tão autênticos quanto a clássica comida de cervejaria.

Payard Patisserie and Bistro

1032 Lexington Avenue (perto de 73rd Street); tel.: 212-717-5252; 2ª-sáb., almoço e jantar; metrô: 77th Street 6; $$$

Pode ser que você não vá além das mesas de café na sala da frente, que tem vitrines cheias de doces, sorvetes e chocolates saborosos. Mas, se estiver com vontade de comer algo mais substancioso, passe para a sala do fundo, onde vai encontrar um cardápio completo de clássicos de bistrô dignos de crédito.

De Chelsea a Gramercy Park

Empire Diner

210 Tenth Avenue (com a 22nd Street); tel.: 212-243-2736; diariamente, 24 horas; metrô: 23rd Street C, D; $

Decoração retrô e pratos substanciosos fazem deste restaurante à moda antiga uma boa escolha durante um passeio pelas galerias de Chelsea ou, melhor ainda, quando as figuras do lugar chegam depois de uma noitada.

Friend of a Farmer

77 Irving Place (entre a 18th Street e a 19th Street); tel.: 212-477-2188; 2ª-6ª, café da manhã, almoço e jantar; sáb.-dom., *brunch* e jantar; metrô: Union Square; $$

Este lugar aconchegante parece uma pousada de Vermont. Serve porções generosas de comida americana. Ótimo para famílias.

Gramercy Tavern

42 East 20th Street (entre a Broadway e a Park Avenue); tel.: 212-477-0777; 2ª-6ª, almoço; diariamente, jantar; metrô: Union Square; $$$$

A nova cozinha americana do Gramercy é preparada com capricho, e o bonito salão de jantar tem um ar caseiro. Deixe espaço para o pudim de pão com chocolate.

Half King

505 West 23rd Street (com a Tenth Avenue); tel.: 212-462-4300; 2ª-6ª, café da manhã, almoço e jantar; sáb.-dom., *brunch* e jantar; metrô: 23rd Street C, E; $

É exatamente o tipo de lugar descontraído mais comum em Chelsea. O peixe com batatas fritas, a torta de carne com batatas e verduras, os hambúrgueres e outras comidas de bar têm preço justo.

Novità

102 East 22nd Street (entre a Park Avenue e a Lexington Avenue); tel.: 212-677-2222; diariamente, almoço e jantar; metrô: 23rd Street 6; $$$

Faixas de preço para uma refeição de três pratos para uma pessoa:

$	abaixo de 25 dólares
$$	25-40 dólares
$$$	40-60 dólares
$$$$	acima de 60 dólares

Este restaurante do norte da Itália é uma joia a ser descoberta. Pode esperar pratos deliciosos e frescos, serviço cordial e preços razoáveis.

Union Square Café

21 East 16th Street (entre a 5ª Avenida e a Union Square); tel.: 212-243-4020; diariamente, almoço e jantar; metrô: Union Square; $$$$

A fórmula vitoriosa que une comida e serviço de primeira faz deste restaurante um sucesso entre moradores e turistas. O clima é descontraído e os *chefs* usam os ingredientes regionais para criar um cardápio basicamente composto por comida americana.

Greenwich Village e Meatpacking District

Arium Café e Gallery

31 Little West 12th Street (perto de Washington Street); tel.: 212-463-8630; 3ª, das 14 às 18 horas; 4ª-6ª, das 10 às 19 horas; sáb.-dom., das 11 às 19 horas; metrô: Eighth Avenue/14th Street; $

Parte café, parte galeria de arte, este lugar tranquilo no Meatpacking District é uma boa escolha para um chá ou um almoço leve.

Blue Hill

75 Washington Place (entre a Sixth Avenue e a Washington Square West); tel.: 212-539-1776; diariamente, jantar; metrô: West Fourth Street; $$$$

Um lugar agradável e sofisticado que recebe avaliações lisonjeiras pelos pratos de cozinha americana maravilhosamente concebidos, feitos com ingredientes frescos da fazenda da família Blue Hill.

CamaJe

85 MacDougal Street (entre a Bleecker Street e a Houston Street); tel.: 212-673-8184; diariamente, almoço e jantar; metrô: West Fourth Street; $-$$

A *chef* Abigail Hitchcock prepara pratos franceses de primeira linha com muita imaginação e carinho. O clima descontraído e os preços razoáveis fazem deste restaurante um verdadeiro achado.

Da Silvano

260 Sixth Avenue (entre a Bleecker Street e a Houston Street); tel.: 212-982-2343; diariamente, almoço e jantar; metrô: Houston Street; $$$

A cozinha toscana simples e saborosa atrai seguidores fiéis, incluindo algumas celebridades. Uma opção menos cara é o Bar Pitti, ao lado, gerenciado pelos mesmos donos, com sabores toscanos semelhantes.

Mexicana Mama

525 Hudson Street (entre a Charles Street e a West 10th Street); tel.: 212-924-4119; 3ª-dom., almoço e jantar; metrô: Christopher Street/Sheridan Square; $$

Este pequeno restaurante vale a espera para entrar. O cardápio é reduzido, mas os pratos temperados com audácia deixam os outros mexicanos para trás. Aqui, um taco é uma obra-prima da culinária. Só aceita dinheiro.

Pearl Oyster Bar

18 Cornelia Street (entre a Bleecker Street e a West Fourth Street); tel.: 212-691-8211; 2ª-6ª, almoço e jantar; sáb., jantar; metrô: West Fourth Street; $$

Acima, da esquerda para a direita: fazendo um pedido no Arium Café and Gallery; Gramercy Tavern; café no Lower East Side; Pearl Oyster Bar.

O melhor de Beard

The James Beard House, no n. 167 da West 12th Street (com a Seventh Avenue), é hoje um clube de *gourmets* que gostam da comida preparada por *chefs* consagrados e também novatos de todo o mundo. Beard, considerado o pai da gastronomia americana, morreu em 1985.

Este lugar serve frutos do mar e fica numa rua lateral cheia de outros pequenos restaurantes. Tem caldeirada, além de algo que muitos chamam de "perfeição na concha".

Spice Market

403 West 13th Street (com a Ninth Avenue); tel.: 212-675-2322; diariamente, *brunch*, almoço e jantar; metrô: 14th Street/Eighth Avenue; $$

O célebre *chef* Jean-Georges Vongerichten supervisiona um cardápio picante inspirado na cozinha asiática de rua neste armazém de dois andares, cheio de estilo, no moderno Meatpacking District.

The Spotted Pig

314 West 11th Street (com a Greenwich Street); tel.: 212-620-0393; diariamente, almoço e jantar; metrô: Christopher Street/Sheridan Square; $$

Este restaurante pequeno e informal é a última aquisição do império de Mario Batali em Manhattan. Uma homenagem ao porco e ao *pub*. Já era um sucesso antes da inauguração, pois Batali eleva a comida de bar ao nível da gastronomia. Sente-se a mesas pequenas, com assentos de almofadas fofas, ou empoleire-se num banco e mergulhe num *parfait* de fígado de galinha, numa salada de lula e mexilhão.

East Village, Little Italy e Lower East Side

I Coppi

432 East 9th Street (entre a First Avenue e a Avenue A); tel.: 212-254-2263; 2ª-6ª, jantar; sáb.-dom., *brunch* e jantar; metrô: First Avenue; $$$

Este restaurante italiano informal exala autenticidade graças às paredes de tijolo à vista, ao piso de lajotas, ao forno a lenha e a um bonito jardim nos fundos. Serve a substancial comida toscana rural.

Puglia

189 Hester Street (com a Mulberry Street); tel.: 212-966-6006; diariamente, almoço e jantar; metrô: Canal Street J, M, Z; $$

A Little Italy de antigamente subsiste aqui desde 1919. Tudo fica "bem louco" à noite, de acordo com o gerente Joey, mas as mesas agrupadas, uma cantora chamada "The Fat Lady" e muito molho de tomate e vinho tinto fazem a festa todas as noites.

Rice

292 Elizabeth Street (com a East Houston Street); tel.: 212-226-5775; diariamente, almoço e jantar; metrô: Broadway/Lafayette Street; $

O cardápio deste refúgio da moda consiste de dez variedades de arroz (incluindo butanês vermelho, tailandês preto e japonês curto), servidas com diversos acompanhamentos: *ratatouille*, salada de frango com erva cidreira etc.

Soho

Bread

20 Spring Street (perto de Elizabeth Street); tel.: 212-334-1015; diariamente, almoço e jantar; metrô: Spring Street 6; $

Este pequeno café e bar de vinhos se dedica ao pão e a tudo o que pode ser feito com ele. *Panini* quentes, com todo tipo de recheio, de frango ao pesto, além dos mais tradicionais, como presunto de Parma, mozarela e queijo taleggio. Há um prato interessante de antepastos e saborosas massas.

Jane

100 West Houston Street (perto de Thompson Street); tel.: 212-254-7000; 2ª-sáb., almoço; diariamente, jantar; dom., *brunch*; metrô: Houston Street ou Spring Street; $$

Não há nada de comum neste restaurante, onde receitas americanas criativas, como carne de porco assada com mel e lombo grelhado, são feitas com ingredientes frescos cultivados na região. Deixe espaço para a sobremesa.

Tribeca

Bouley

120 West Broadway (com Duane Street); tel.: 212-964-2525; diariamente, almoço e jantar; metrô: Chambers Street 1, 2, 3; $$$$

Os fãs afirmam que provar a "nova cozinha francesa" de David Bouley transcende o preço. Talvez uma forma melhor de dizer isso seja que comer neste elegante restaurante de vanguarda é uma experiência culinária transcendente... quando se pode pagar por ela.

Bubby's

120 Hudson Street (com a North Moore Street); tel.: 212-219-0666; diariamente, café da manhã, almoço e jantar; metrô: Franklin Street; $

Este lugar parece uma cozinha de fazenda transferida para a cidade. Todos os pedidos são acompanhados por uma cesta de biscoitos, e crianças de menos de oito anos jantam de graça no domingo à noite.

Nobu

105 Hudson Street (entre a Franklin Street e a North Moore Street); tel.: 212-219-0500; 2ª-6ª, almoço; diariamente, jantar; metrô: Franklin Street; $$$$

Achar celebridades no meio dos clientes é o passatempo predileto neste lugar da moda em Tribeca, merecidamente aclamado pela cozinha peruano-japonesa do *chef* Nobu Matsuhisa. É praticamente impossível fazer reserva, mas o Nobu Next Door (que não aceita reservas) é uma boa segunda opção.

Lower Manhattan

Delmonico's

56 Beaver Street (com a William Street); tel.: 212-509-1144; 2ª-6ª, almoço e jantar; metrô: Wall Street 2, 3; $$$$

Os negociantes de Wall Street reúnem-se nesta reservada e íntima churrascaria à moda antiga. Carne é a especialidade da casa, claro, mas a lagosta, as ostras Rockefeller e outros pratos de frutos do mar também são bons.

Gigino at Wagner Park

20 Battery Place (com a West Street); tel.: 212-528-2228; diariamente, almoço e jantar; metrô: Bowling Green; $$

Com uma esplêndida vista da Estátua da Liberdade no pôr do sol, este restaurante italiano facilmente satisfaria os turistas pelos seus preços módicos, mas a comida é de primeira e surpreendentemente criativa. Quando o tempo está bom, o terraço é irresistível.

Faixas de preço para uma refeição de três pratos para uma pessoa:	
$	abaixo de 25 dólares
$$	25-40 dólares
$$$	40-60 dólares
$$$$	acima de 60 dólares

Acima, da esquerda para a direita:
Bread; Bubby's; bebidas geladas no West Village; vá a Little Italy para comer uma *pizza gourmet*.

Uma xícara de café
Se você pedir um "regular coffee" em Nova York, vai receber um café americano, com creme e açúcar. Se quiser café puro, peça um "black coffee".

CRÉDITOS

© 2008 Apa Publications GmbH & Co.
Verlag KG (Cingapura)
© 2009, Martins Editora Livraria Ltda.,
São Paulo, para a presente edição.
Todos os direitos reservados

Nova York a pé
Título original: *Step by Step New York*
Autor: John Gattuso
Editores: Alex Knights and Martha Ellen Zenfell
Editora-chefe/série: Clare Peel
Cartografia: Zoë Goodwin e James Macdonald
Gerentes de fotografia: Hilary Genin, Steven Lawrence
Editor de arte: Ian Spick
Produção: Kenneth Chan
Diretor editorial: Brian Bell
Fotografias de: Apa: Britta Jaschinski, Anna Mockford and Nick Bonetti, Mark Read and Tony Perrottet; except: 4Corners 88tl; Danny Clifford/Alamy 8–9; courtesy of American Museum of Natural History 60b, Beckett/AMNH 57br, Chesek/AMNH 57mr, Finni/AMNH 59tl, br; Art Archive 20bl3; The Brooklyn Museum of Art/Central Photo Archive 95tl; Katz-Laif/Camerapress 55tr; courtesy of the Carlyle Hotel 115; Doug Corrance 39br3; courtesy of The Frick Collection 55br; Mitchell Funk/Getty 42t; Bob Gruen 45br1; courtesy of The Solomon R. Guggenheim Foundation, NY/David Heald 52tr; Tony Halliday 29, 94tl; Catherine Karnow 93m; courtesy of the Library of Congress 76; courtesy of the Lower East Side Tenement Museum 87; Mary Evans Picture Library 20t, 21t; courtesy of The Metropolitan Museum of Art 48tl, 49tl, 49br, 68bl, 69tr; courtesy of Museum of the City of New York 51; courtesy of Museum of Modern Art 32tl, 33br; courtesy of New York Botanical Garden/Joseph de Sciose 96tr; courtesy of the New York City Ballet 7br; courtesy of the New York Public Library 20bl2; New York Times/Redux/eyevine 65tl; PA/EPA 21bl2; Clare Peel 37tr, 95tr, 114; photolibrary.com 74br; courtesy of the Project for Public Spaces 50bl; Redferns 78tr; courtesy of the Rockefeller Archive Center 35mr; MOMA, New York/Scala, Florence 33tl, 36tr; Beverly Logan/Superstock 73tr; Forbes Collection, NY/Superstock 76bl, 77tr; Topfoto 7ml, 20bl1, 90t; courtesy of Tribeca Grand Hotel 104b; courtesy of Waldorf-Astoria Hotel 43t; courtesy of Whitney Museum of American Art 41tl.
Capa: main image: age fotostock/SuperStock

1ª edição 2009 | 1ª reimpressão 2015

Publisher: Evandro Mendonça Martins Fontes
Coordenação editorial: Vanessa Faleck
Produção editorial: Luciane Helena Gomide
Produção gráfica: Carlos Alexandre Miranda
Diagramação: Triall Composição Editorial Ltda.
Preparação e revisão: Denise R. Camargo
Revisão gráfica: Carolina Hidalgo Castelani
Dinarte Zorzanelli da Silva
Revisão: Julio de Mattos

Todos os direitos desta edição reservados à
Martins Editora Livraria Ltda.
Av. Dr. Arnaldo, 2076
01255-000 São Paulo SP Brasil
Tel.: (11) 3116.0000
info@emartinsfontes.com.br
www.emartinsfontes.com.br

Dados Internacionais de Catalogação na Publicação (CIP)
(Câmara Brasileira do Livro, SP, Brasil)

Gattuso, John
    Nova York a pé / John Gattuso ; tradução Mônica Saddy Martins. – São Paulo : Martins Editora, 2009. – (Guias de viagem Insight Guides)

    Título original: Step by Step New York.
    ISBN 978-85-61635-28-2

    1. Nova York (N.Y.) – Descrição e viagens – Guias I. Título. II. Série.

09-01865   CDD-917.4371

Índices para catálogo sistemático:

1. Guias de viagem : Nova York : Estados Unidos 917.471
2. Nova York : Estados Unidos : Guias de viagem 917.471

Nenhuma parte deste livro pode ser reproduzida, armazenada em sistema de recuperação ou transmitida sob nenhuma forma nem por nenhum meio (eletrônico, mecânico, por fotocópia, gravação ou qualquer outro) sem prévia autorização escrita de Apa Publications. Citações curtas do texto, com o uso de fotografias, estão isentas apenas no caso de resenhas do livro. As informações foram obtidas de fontes creditadas como confiáveis, mas sua exatidão e completude, e as opiniões nelas baseadas, não são garantidas.

ÍNDICE REMISSIVO

A

ABC, estúdio **31**
Abingdon Square **78**
Abraham Lincoln **85**
Abyssinian, igreja batista **65**
achados e perdidos **100**
aeroportos **100**
afro-americanos **65**
AirTrain **100**
albergues **115**
alfândega **101**
Alphabet City **85**
American Ballet Theater **62**
American Folk Art Museum **62**
American Museum of Natural History **7, 56-61**
Amtrak **110**
Apollo Theater **7, 65**
Apple, loja da **19, 29**
assistência médica **101**
Astor Library **85**
Astor Place Theater **85**
Avery Fisher Hall **63**

B

Bank of New York **89**
Battery Park **90, 92**
Beard, James **122**
bed and breakfast **116**
Bergdorf Goodman **18, 29**
Bleecker Street **78-9**
Bloomberg, Michael **21**
Bloomingdale's **18, 82**
boêmia, cultura **74, 84**
bolsa de valores **88, 91**
Bowery **86-7**
Broadway **7, 31, 82**
Bronck, Jonas **96**
Bronx **96-7**
Bronx, zoológico do **97**
Brooklyn **94-5**
Brooklyn, ponte do **6, 91, 94**
Brooklyn Botanic Garden **6, 95**
Brooklyn Museum of Art **95**
Brown, James **65**
Bryant Park **27**

C

cães **102**
cafés **120**
câmbio **103**
cartões de crédito **102**
Castle Clinton **90**
catedral de São Patrício **28-9**
Central Park **6, 13, 44-5**
Central Park, zoológico do **7, 44**
Chelsea **71-3**
Chelsea, distrito histórico de **72**
Chelsea, mercado de **6, 72**
Chelsea, píeres de **72-3**
Chelsea Art Museum **7, 72**
Chelsea Gallery District **72**
Chelsea Hotel **73, 113**
Children's Museum of the Arts **82**
Chinatown **86**
Christopher Street **77-8**
Chrysler, edifício **6, 40**
Chrysler, Walter **40**
Citigroup Center **43**
clima **12, 100-1**
Clinton, Bill **64**
Clocktower, edifício **83**
Cloisters, The (Os Claustros) **66-9**
Columbus Circle **63**
compras **7, 18-9**
Coney Island **95**
Conservatory Garden **51**
consulados **102**
Cooper Union **84-5**
Cooper-Hewitt, National Design Museum **52**
correio **102**
crianças **7, 100**
criminalidade **101**

D

Dakota, edifício **45**
Dance Theatre of Harlem **65**
Dean & Deluca **6, 82**
Declaração de Independência **26, 91**
deficientes, turistas **102**
Delacorte Theatre **45**
Depressão, a Grande **25**
Diamond District **27**
dinheiro **107**
direção **103**
distrito financeiro **88-90**
DUMBO **94**

E

East Village **7, 84-6**
El Museo del Barrio **50**
Ellis, ilha de **93**
eletricidade **104**
Ellis Island Immigration Museum **93**
e-mail **107**
embaixadas **102**
emergências **102**
Empire State **6, 7, 24, 40**
entrada no país **104**
Estátua da Liberdade **6, 92-3**
etiqueta **104-5**

F

FAO Schwarz **7, 28**
Farewell Address (discurso de despedida) **26**
fax **110**
Federal Hall **88**
feriados **106-7**
ferrovia **110-1**
Fitzgerald, Ella **65**
Flatiron, edifício **6, 70**
Forbes Galleries **76**
Fordham University **63**
Four Seasons, restaurant **42, 118**
Freedom Tower **90**
Frick Collection **6, 55**
fumo **105**
Fundação Ford, edifício da **39**
fuso horário **105**

G

gay e lésbica **79, 105**
GE, edifício da **27**
General Theological Seminary **72**
Goethe-Institut **53-4**
gorjetas **106**
Grand Army Plaza **29, 44**
Grand Army Plaza, Brooklyn **94**
Grand Central Market **40**
Grand Central, estação **40-1**
Greene Street **81-2**
Greenmarket **7, 71**
Greenwich Avenue **77**
Greenwich Village **7, 74-9**
Guggenheim, museu **6, 53**
Gunther, edifício **82**

H

Halloween, desfile de **74**
Hamilton Heights, setor histórico de **65**
Hamilton, Alexander **65, 89**
Harlem **64-5**
Harlem hispânico **65**
Harlem Visitors & Convention Association **65**
Harry e Sally, feitos um para o outro **86**
Haughwout, edifício **82**
Hayden, planetário **60**
Hearst Tower **6, 63**
Helmsley, edifício **42**
História **20-1**
horários **106**
hospedagem **112-7**
hotéis **112-7**
Hudson, esplanada do rio **90**

I

IAC, edifício da **73**
IBM, edifício da **29**
informações turísticas **107**
International Center of Photography **31**
International, edifício **28**
Internet **107**
internet sem fio **107**

J

James, Henry **75**
Jazz at Lincoln Center **63**
Jefferson Market Library **76**
Jefferson, Thomas **26**
Jewish Museum **51**
Johnson, Magic **64**
Jornais **105**
Joseph Papp Public Theater **85**
Judson Memorial Church **75**
Juilliard School **63**

K

Katz's Delicatessen **6, 86-7**
Knitting Factory **83**

L

leis de entrada no país **104**
Lennon, John **45, 56**
Lenox Lounge **65**
Leonard Street **83**
Lincoln Center for the Performing Arts **7, 62**
Lipstick, edifício **43**
Little Italy **7, 86**
Little Italy, Bronx **97**
Little Singer, edifício **82**
Loeb Boathouse **45**
Long Island **13**
Lower East Side **7, 86-7**
Lower East Side Tenement Museum **87**
Lower Manhattan **6, 88**
Lyceum Theatre **31**

M

Madison, avenida **42**
Madame Tussaud, museu de **30-1**
Madison Square Park **70**
mapas **107-8**
Meatpacking District **7, 79**
mercado das pulgas **61**
Mercantile Exchange Building **83**
Merchant's House Museum **86**
MetLife, edifício **42**
metrô **110**
Metropolitan Museum of Art **6, 46-9, 54**
Metropolitan Opera **62**
mídia **108**

Midtown East **38-43**
Morgan Library and Museum **26**
MTV, estúdio da **31**
Mulberry Street **86**
Museum for African Art **50, 64**
Museum Mile **50-4**
Museum of American Finance **88**
Museum of Arts and Design **63**
Museum of Jewish Heritage **90**
Museum of Modern Art (MoMA) **6, 32-7**
Museum of the City of New York **51**

N

National Academy Museum and School of Fine Arts **52**
National Museum of the American Indian **91**
NBC Experience **28**
Neue Galerie **53**
New Museum of Contemporary Art **87**
New York Botanical Garden **6, 96-7**
New York City Ballet **63**
New York Philharmonic **63**
New York Public Library **25**
New York State Theater **62-3**
News, edifício **7, 39**
NoLita **7, 86**

O

onde comer **14-7**
ônibus **13, 100, 110**
ONU, sede da **38-9**
Orchard Street Market **87**
Oscar Wilde Memorial Bookshop **77**

P

pássaros, observação de **44**
Patchin Place **77**
PATH, trens **110**
Pelham Bay Park **96**
Peninsula Hotel **29**
pesos e medidas **109**
população **11**
Prada **82**
Prince Street **80-1**
Prospect Park **94-5**

Q

Quinta Avenida **7, 24-9**
Quinta Avenida, igreja presbiteriana da **29**

R

radio **108**
Radio City Music Hall **27**
Red Hook **94**
religião **109**
restaurants **118-23**
Rockefeller Center **27-8**
Rockefeller Jr., John D. **35, 66**
Roosevelt, ilha **53**
Rose Center for Earth and Space **60**
roupas **101**

S

Saks Fifth Avenue **18, 29**
São Bartolomeu, igreja episcopal de **43**
São Lucas (St. Luke in the Fields), igreja de **78**
São Marcos (St. Mark's-in-the-Bowery), igreja de **84**
São Marcos (distrito histórico de) **84**
São Patrício, catedral de **28-9**
São Paulo, capela de **90**
São Pedro, igreja luterana de **43**
São Tomás, igreja de **29**
Schermerhorn Row **91**
Seagram, edifício da segurança **42-3**
Shakespeare Garden **45**
Skyscraper Museum **90**
SoFi **70-1**
Soho **7, 80-2**
Sony Wonder Technology Lab **43**
Sony, edifício da **43**
South Street Seaport Museum **91**
St. Mark's Place **84**
St. Vincent Millay, Edna **78**
Staten, *ferry* da ilha **6, 93**
Staten, terminal de *ferry* da ilha **91, 93**
Stonewall Inn **78**
Strand Book Store **7, 19, 76-7**
Strawberry Fields **45**
Striver's Row **65**
Stuyvesant, Peter **20, 84-5**
Sugar Hill **65**
Super-Homem **7, 39**

T

Táxis **13, 109**
táxis aquáticos **109**
teatro, entradas para o **31**
teatros, região dos **30**
telefones **109-10**
televisão **108-9**
Theodore Roosevelt, local de nascimento de **70-1**
Thomas, Dylan **73, 78**
Time Warner Center **63**
Times Square **7, 30**
Tisch Children's Zoo **44**
Top of the Rock **6, 28**
torres gêmeas **21, 40, 89-90**

transporte, **110**
Tribeca **83**
Tribute World Trade Center Visitor Center **89-90**
Trindade, igreja da **88-9**
Trump International Hotel and Tower **63, 114-5**
Trump Tower **29**
Trump World Tower **38**
Tudor City **39**
turismo economic **115**

U

Union Square **71**
Upper West Side **56-63**

V

Villard Houses **42**
vistos **111**
Vivian Beaumont Theater **63**

W

Waldorf-Astoria Hotel **42, 113**
Wall Street **88-9**
Wall Street, o *crash* de **21, 35**
Warhol, Andy **36-7, 73, 84**
Washington Arch **75**
Washington Mews **76**
Washington Square Park **75**
Washington, George **26, 90**
websites **111**
West 14th Street **79**
White Horse Tavern **78-9**
White, Stanford **76**
Whitney Museum da Altria **41**
Whitney Museum of American Art **7, 54-5**
Williamsburg **94**
Wollman Memorial Rink **44**
Wonder, Stevie **65**
World Financial Center **90**
World Trade Center **12, 40, 89-90**